Kompetenzanalysen als Quelle für Wertschöpfung im Umgang mit undurchsichtigen Zusammenhängen

Megatrend Digitalisierung macht vor keinem Arbeitsplatz halt

Jörg Becker

© 2019 Jörg Becker

www.beckinfo.de

Der Autor

Jörg Becker hat Führungspositionen in der amerikanischen IT-Wirtschaft, bei internationalen Consultingfirmen und im Marketingmanagement bekleidet und ist Inhaber eines Denkstudio für strategisches Wissensmanagement zur Analyse mittelstandorientierter Businessoptionen auf Basis von Personal- und Standortbilanzen. Die Publikationen reichen von unabhängigen Analysen bis zu umfangreichen thematischen Dossiers, die aus hochwertigen und verlässlichen Quellen zusammengestellt und fachübergreifend analysiert werden. Zwar handelt es sich bei diesen Betrachtungen (auch als Storytelling) vor allem von Intellektuellem (immateriellen) Kapital nicht unbedingt um etwas Neues, aber um etwas Anderes. Denn um neue Wege zu gehen, reicht es manchmal aus, verschiedene Sachverhalte, die sich bewährt haben, miteinander neu zu kombinieren und fachübergreifend zu durchdenken. Zahlen ja, im Vordergrund stehen aber „weiche" Faktoren: es wird versucht, Einflussfaktoren nicht nur als absolute Zahlengrößen, sondern vor allem in ihrer Relation zueinander und somit in ihren dynamischen Wirkungsbeziehungen zu sehen. Auch scheinbar Nebensächliches wird aufmerksam beobachtet.

In der unendlichen Titel- und Textfülle im Internet scheint es kaum noch ein Problem oder Thema zu geben, das nicht bereits ausführlich abgehandelt und oft beschrieben wurde. Viele neu hinzugefügte und generierte Texte sind deshalb zwangsläufig nur noch formale Abwandlungen und Variationen. Das Neue und Innovative wird trotzdem nicht untergehen. Die Kreativität beim Schreiben drückt sich dadurch aus, vorhandenes Material in vielen kleinen Einzelteilen neu zu werten, neu zusammen zu setzen, auf individuelle Weise zu kombinieren und in einen neuen Kontext zu stellen. Ähnlich einem Bild, das zwar auf gleichen Farben beruhend trotzdem immer wieder in ganz neuer Weise und Sicht geschaffen wird. Texte werden also nicht nur immer wiederholt sequentiell gelesen, sondern entstehen in neuen Prozess- und Wertschöpfungsketten.

Das Neue folgt aus dem Prozess des Entstehens, der seinerseits neues Denken anstößt. Das Publikationskonzept für eine selbst entwickelte Tool-Box: Storytelling, d.h. Sach- und Fachthemen möglichst in erzählerischer Weise und auf (Tages-) Aktualität bezugnehmend aufbereiten. Mit akademischer Abkapselung haben viele Ökonomen es bisher versäumt, im Wettbewerb um die besseren Geschichten mitzubieten. Die in den Publikationen von Jörg Becker unter immer wieder anderen und neuen Blickwinkeln dargestellten Konzepte beruhen auf zwei Grundpfeilern: 1. personenbezogener Kompetenzanalyse und 2. raumbezogener Standortanalyse. Als verbindende Elemente dieser beiden Grundpfeiler werden a) Wissensmanagement des Intellektuellen Kapitals und b) bilanzgestützte Decision Support Tools analysiert. Fiktive Realitäten können dabei manchmal leichter zu handfesten Realitäten führen. Dies alles unter einem gemeinsamen Überbau: nämlich dem von ganzheitlich durchgängig abstimmfähig, dynamisch vernetzt, potential- und strategieorientiert entwickelten Lösungswegen.

Management Overview

Erst eine umfassende oder spezielle Mitarbeiterbefragung zeigt als detaillierte Bestandsaufnahme die vorhandenen Motivationspotenziale einerseits sowie die entscheidenden Leistungshemmnisse andererseits auf. Damit können auch zukünftige Qualifikationslücken rechtzeitig erkannt und geschlossen werden. Der Analyse der Zufriedenheit externer Kunden (Kundenzufriedenheit, Kundenbindung) entspricht die Analyse der Zufriedenheit interner Kunden (Arbeitszufriedenheit). Grundsätzlich lässt sich folgender Zusammenhang feststellen: je höher die Arbeitszufriedenheit desto geringer die Fehlzeiten, je höher die Arbeitszufriedenheit desto geringer die Fluktuation, je höher die Arbeitszufriedenheit desto besser das Arbeitsergebnis, je höher die Arbeitszufriedenheit desto geringer die Unfallhäufigkeit. Die Ressource "Humankapital" weist eine Reihe charakteristischer Merkmale auf. Die kleinste Einheit des Wissensmanagements ist das Individuum als Träger von Fähigkeiten und Besitzer von Erfahrungen. Häufig ist der Organisation nur ein Teil dieser Fähigkeiten (z.B. Ausbildung, Sprachkenntnisse) bekannt. Diese bekannten Daten bilden aber nur einen Teil der Mitarbeiterfähigkeiten ab: wer die Fähigkeiten der Mitarbeiter nicht kennt, verpasst die Gelegenheit, sie zu nutzen (mangelnder Zugriff auf internes Expertenwissen). Die Propagandisten der neuen digitalen Welt stilisieren ihre Geschäftsmodelle als Überwindung einer „alten Industrie" mit angeblich überkommenen Strukturen und Denkweisen. In einer digitalen Utopie werden allseitiger Komfort, selbstbestimmtes Leben und steigender

Wohlstand durch die Vernetzung von Menschen und Dingen in den schönsten Farben gemalt: die Digitalisierung und Vernetzung bewirke ungeahnte Produktivitätssteigerungen und Wachstumsschübe wie einst die Dampfmaschine, die Elektrotechnik oder das Fließband. Der ökonomische Kern dieser schönen Zukunftswelt sieht manchmal etwas anders aus. Der Arbeitsalltag wird von einer Zusammenarbeit über funktionale und geographische Grenzen hinweg (Kollaboration) geprägt. Lebenslanges Lernen und Lernen am Arbeitsplatz werden von der Ausnahme zum Normalfall und essentiellen Baustein der Arbeitswelt. Soziale Netzwerke treiben die Interaktion voran und bündeln über gemeinsam genutzte digitale Plattformen das kollektive Wissen. Die Grenzen zwischen Lernen und Arbeiten fließen ineinander, kontinuierliche Weiterbildung ist für die Zukunft eine Kernanforderung. Alle Akteure sehen sich einem stärkeren Druck zu mehr Flexibilität ausgesetzt. Studien kommen zu dem Ergebnis, dass Intelligenz auch nicht alles sei. Wissenschaftler, die unter-suchten, wer im späteren Leben und Beruf erfolgreicher war, mehr verdiente, häufiger ein eigenes Haus hatte und, und, und, kamen schnell und einhellig zum Ergebnis, dass vor allem die Persönlichkeit als Erfolgsfaktor gesehen werden muss. Wobei besonders folgende Persönlichkeitsmerkmale einen Menschen möglichst umfassend beschreiben könnten: Offenheit für Erfahrungen, Extraversion, Gewissenhaftigkeit, Verträglichkeit, emotionale Stabilität. Vielleicht ist es trotz Big Data noch nicht altmodisch, gründlich nachzudenken, auf Sachkunde und Erfahrung zu setzen, Fragen zu stellen, Überlegungen anzustellen und zu strukturieren, um aus der schieren Datenflut wirklich benötigtes Wissen herauszufiltern. Je digitaler, je vernetzter die Produktion wird desto mehr steigt die Bedeutung der Roboter. Wenn in Europa eine Roboterstunde fünf Euro kostet, die gleiche Zeit für einen Arbeiter aber 45 Euro und mehr kostet, scheint dieses auch nicht verwunderlich. Auch der Einsatz von Robotern wandelt sich. Der rasenmähende Roboter gehört mittlerweile schon zur Normalität. Der Roboter, der Berater aus Fleisch und Blut ersetzt, steht bereits vor der Tür. Die früher vertikale Loyalität zwischen Arbeitsgeber und Arbeitnehmer (du darfst bei mir arbeiten, wenn du loyal bist) geht weiter über in eine mehr horizontale Loyalität zwischen Arbeitnehmern selbst (Bildung von Netzwerken). Die Arbeitswelt wird immer differenzierter und kreiert neue Modelle der menschlichen Zusammenarbeit. Dahinter stehen ganze Gesell-schaften verändernde Tendenzen wie Digitalisierung oder Wertewandel (in dem sich Menschen öfter und radikaler die Sinnfrage stellen). Wenn sich Erwartungen und Ansprüche ändern, die von Mitarbeitern an ihren Arbeitsgeber gestellt werden, muss auch dieser sich ändern, müssen sich die Führungskompetenzen anpassen. Diese Veränderungen der Arbeitswelt haben ebenso dynamische Auswirkungen auf Personalauswahl und Bewerbungen. Auch wenn jemand einen Hochschulabschluss hat ist für ihn noch lange nicht Schluss mit dem Lernen: auch das mit einem Studium erworbene Wissen reicht nicht für ein ganzes Erwerbsleben: Die Halbwertzeiten für Wissen, Fähigkeiten und Kompetenzen haben sich verkürzt, die Anforderungen der Arbeitswelt befinden sich im ständigen Wandel. Den

Ansprüchen von Beschäftigungsfähigkeit, der sogenannten Employability muss man sowohl persönlich als auch sozial, fachlich und methodisch genügen. Während in vergangenen Zeiten, streng nach Lebensphasen getrennt, Lernzeiten auf Kindheit und Jugend, Arbeitszeiten auf Erwachsene und Freizeiten auf Rentner entfielen, hat auch dieses sich gewandelt. Lernen wird zum Begleiter aller Lebensphasen und vermischt sich im Konzept von Work-Life-Balance fortlaufend weiter mit Arbeits- und Freizeiten. Dies alles und mehr findet seinen Ausdruck im breit gefächerten Spektrum der Diversity-Themen, d.h. der Vielfalt am Arbeitsplatz: Persönlichkeit, Nationalität, Arbeitsmethodik, Arbeitsfunktion, Ethnizität/Volkszugehörigkeit, Alter, Sprachkenntnisse, Ausbildung, Geschlecht, sozioökonomischer Hintergrund. Ein an der sichtbaren Oberfläche ruhiges System lässt keineswegs immer den Schluss zu, dass sich im Innern ebenfalls nicht verändert. Es geht darum, möglichst breit-gefächert an die Analyse heranzugehen und ein nach den jeweiligen Schwerpunktkriterien ausgewähltes Bündel von Einflussfaktoren gleichzeitig zu manipulieren, um dabei Antworten auf dieses mehrdimensionale Eingriffsmuster zu beziehen. Monokausale Beziehungen sind in dynamischen Wirkungsnetzen ohnehin eher die Ausnahme. Im Falle von undurchsichtigen Zusammenhängen muss man oft von den unterschiedlichsten Erfahrungshorizonten der Akteure ausgehen. Mit einem Satz: man braucht eine transparente und nachvollziehbare Kommunikationsplattform, mit der auch (oder gerade) in Situationen hoher Unsicherheit und Komplexität sinnvolle Richtlinien für verantwortungsbewusstes Handeln festgemacht werden können. Gerade in schwierigen Situationen, wenn für das eigene Vorgehen keine klaren Vorgaben abrufbar sind, muss eine gezielte Analyse des Zusammenwirkens von Werthaltungen und Handlungsabsichten methodisch und thematisch mit einer hierfür geeigneten Tool-Box unterstützt werden können. In einem solchen Kontext sollte man sich auf eine Bilanzstruktur einigen, d.h. jeden einzelnen der zuvor identifizierten Personalfaktoren einem bereits vorgefertigten Grundgerüst aus jeweils fünf Clustern eindeutig zuordnen: Prozessfaktoren, Erfolgsfaktoren, Humanfaktoren, Strukturfaktoren, Beziehungsfaktoren. Mit den allesamt aus Personalbilanzen ableitbaren Perspektiven geht es vor allem um Wirkungsbeziehungen, Potentiale, Zukunftsoptionen und Handlungsempfehlungen. Ein potentieller Bewerber muss mit dem strategischen Gut „Wissen", will er Erfolg haben, zielgerichtet umgehen. Im Vergleich zu gut strukturierten Daten in den IT-Systemen werden Wissen und Erfahrungen von Personen in der Regel nicht explizit dargestellt. Genau diese Informationen sind aber für den Personalentscheider von Bedeutung. Ihm geht es darum, in Köpfen gespeichertes Wissen für sein Unternehmen verwertbar zu machen. Der Erfolg eines Unternehmens hängt entscheidend davon ab, die richtige Kraft an der richtigen Position einzusetzen. Grundlage einer fast jeden Bewerbung ist der Rohstoff „Wissen": er ist der Kapitalstock des Bewerbers. Die charakteristischen Merkmale eines Bewerbers werden in seinem Intellektuellen Kapital abgebildet. Der kernige Marketingsatz des „Change Knowledge into Cash" findet hier seine Berechtigung. Aus Sicht des Unternehmens bei dem man sich bewerben will ist Wissen nicht nur ein weiterer Produktionsfaktor neben den klassischen Faktoren Arbeit, Kapital, Grund und Boden – es ist vielmehr heutzutage der bedeutendste Produktionsfaktor überhaupt. Gerade bei der Begutachtung von Personalfaktoren ist nichts oder nur wenig so wie es auf den ersten Blick aussieht: je nach Blickwinkel und Position des Bewertenden mag der gleiche Personalfaktor jeweils in einem ganz anderen Licht erscheinen. Dem kann eine Personalbilanz Rechnung tragen, indem sie sich nicht mit einer eindimensional verengten Betrachtungsweise begnügt, sondern jeden einzelnen Personalfaktor jeweils nach drei verschiedenen Dimensionen bewerten lässt, nämlich nach Quantität, Qualität und Systematik. Denn ein Mangel vieler Beurteilungen liegt in ihrer eindimensionalen Ausrichtung. Paradox ist, wenn Menschen in Umfragen zwar angeben, sie wären an Datenschutz sehr interessiert und wie wichtig er für sie sei, zugleich aber intensiv ihre Daten (unter anderem) in sozialen Netzwerken preisgeben. D.h. Menschen geben (verschenken) ihre Daten, Konzerne bieten im Tausch dafür Dienste und verdienen an der Werbung. Daten sind ein reichlich vorhandener Rohstoff mit rasant ansteigenden Wachstumsraten. Allerdings scheint der Vorteil für Nutzer, die ihre Daten abtreten, relativ überschaubar. Rechner müssen zukünftig immer weniger programmiert werden, um bestimmte Aufgaben erfüllen oder Probleme zu lösen. Stattdessen operieren sie quasi selbständig mit Lernalgorithmen. Deep Learnig ist nichts anderes als die Erforschung künstlicher neuronaler Netze. In Anlehnung an neurowissenschaftliche Modelle des menschlichen Gehirns werden künstliche Netze antrainiert. Das Lernen geschieht gleichsam ohne Bewusstsein, Vernunft oder vorfabriziertes Wissen. Experten sind sich einig, dass im deutschen Bildungssystem mehr dafür getan werden sollte, dass sich mehr Abiturienten für ein technisches oder naturwissenschaftliches Studium entscheiden. Vor allem werden hierbei die Schulen in der Verantwortung gesehen. Gerade weil es hier um anspruchsvolle Fächer geht, die sich nicht so schnell erschließen wie ein Theaterstück im Deutschunterricht. Hochschulen sollen den Studierenden zunächst einmal breites Grundwissen vermitteln und können daher nicht für (einzelne) Arbeitsplätze passgenau die Absolventen liefern. Und es hilft alles nichts: der Wirtschaftsstandort Deutschland ist rohstoffarm und auf wissenschaftlichen Nachwuchs (Fortschritt) angewiesen. Zum Kern des EU-Binnenmarktes gehört die Freizügigkeit des Personenverkehrs (einschließlich unbegrenzter Niederlassungsfreiheit). Die anderen Grundfreiheiten betreffen die Freiheit des Waren- und Dienstleistungshandels sowie den freien Kapitalverkehr. Mit dem Brexit stellt sich (zumindest manchem Volkswirtschaftler) die Frage, ob diese Faktoren für alle Zukunft unlösbar (wie von der Politik behauptet) miteinander verknüpft sind. Denn nach der ökonomischen Freihandelstheorie, bedingt der Handel mit Gütern nicht unbedingt auch die (unbegrenzte) Wanderung von Produktionsfaktoren. Im Gegenteil: der Handel könnte solche Wanderungsbewegungen sogar ersetzen (mehr Handelsliberalisierung statt Migration von Arbeitskräften). Der Anteil der Höherqualifizierten an den Auswanderern hat sich in den letzten Jahren (stark) erhöht. Von den im Ausland lebenden Deutschen im Erwerbsalter haben etwa vierzig Prozent ein hohes Bildungsniveau (Studium). Das wichtigste Standortziel für deutsche Auswanderer sind die Vereinigten Staaten, mit weitem Abstand gefolgt von Großbritannien, Schweiz, Frankreich, Italien und Spanien. Den hochqualifizierten Auswanderern stehen auf der anderen Seite aber auch hochqualifizierte Rückkehrer (allerdings wohl in geringerer Zahl) gegenüber: wenn Wissenschaftler und Ingenieure nach einigen Jahren mit zusätzlicher Qualifikation und Auslandserfahrung zurückkehren, wirkt sich dieses für den Standort Deutschland wiederum positiv aus. Mögen sich Personen auch dagegen verwahren, als Zukunftsaktien gesehen oder mit ihnen verglichen zu werden: die Auswahl speziell von Führungskräften hat eines mit der Börse gemeinsam: In beiden Fällen werden Potenziale für die Zukunft gehandelt. Die Liste der Vorteile von potentialorientierten Betrachtungsweisen ist lang: die ganze Ausrichtung der Potentialorientierung führt weg vom Gewesenen hin zu einer zukunftsbezogenen Chancenorientierung: denn ihrem eigentlichen Kern nach sind Potenziale nichts anderes als Chancen für die Zukunft. KI-Systeme können Millionen Berechnungen gleichzeitig machen, ihre Arbeit ständig evaluieren und in anstehenden Lösungen neuer Aufgaben mit verwerten. Kunsthirne aus hunderttausenden von Chips reagieren wie die Neuronen eines Gehirns, geben sich Signale, werden wie von Geisterhand aktiv. Soziökonomische Daten (Haushaltseinkommen, Bildungsabschlüsse u.a.) zu erheben, war im analogen Zeitalter ein äußerst aufwändiges Unterfangen, (Stichproben nehmen, Befragungen durchführen,

Daten auswerten). Statt an Türen zu klopfen oder Bürger telefonisch zu interviewen haben Wissenschaftler stattdessen ein neuronales Netzwerk beispielsweise mit fünfzig Millionen Fotos aus Google Street View gefüttert: alles, was in der Wirtschaft digitalisiert werden kann, wird digitalisiert werden. Bereits zwei Drittel aller Beschäftigten haben in Deutschland einen digitalisierten Arbeitsplatz: neue Arbeitsformen und Abläufe brechen mit alten Strukturen. Der Umbruch ist für viele mit Unsicherheiten verbunden, weitet auf der anderen Seite durch Digitalisierung aber auch die Gestaltungsspielräume. Grundsätzlich werden im Arbeitsmarkt mehr und umfassendere digitale Kompetenzen benötigt. Damit die Teilhabe aller gesichert werden kann, gilt es, digitales Analphabetentum zu verhindern. Zwischen Personalfaktoren wirken zahlreiche Austauschbeziehungen mit mehr oder weniger starken Impulsweiterleitungen: diese Wirkungsbeziehungen zwischen den Faktoren sind nicht fest verdrahtet, wie etwa die verlöteten Verbindungen in elektrischen Schaltkreisen: zu sehr befinden sich Personen in ständiger Bewegung und Veränderung. Deshalb sollte jeder Personalfaktor jeweils mit allen anderen Faktoren nach aktivem Wirkungseinfluss, passivem Wirkungseinfluss sowie der Dauer, bis eine Änderung in der Faktorenbeziehung wirksam wird, verknüpft und analysiert werden. Wandel ist ein ständiges Fließen von Umgestaltung und ist nicht die Folge irgendeiner Kraft, sondern eine nahezu natürliche Tendenz, die allen Dingen und Situationen schon von Vornherein innezuwohnen scheint. Genauso wie das Rationale und das Intuitive komplementäre, sich ergänzenden Formen des Denkens sind. Viele Probleme haben ihre Ursache darin, dass sich das Ausbalancieren zwischen Denken und Fühlen, Wertvorstellungen und Verhaltensweisen nicht (mehr) im Gleichgewicht befindet. Für eine Systemtheorie sind alle Phänomene miteinander verbunden und voneinander abhängig. Man hat ein integriertes Ganzes vor sich, wenn dessen Eigenschaften nicht mehr auf die seiner Teile reduziert werden können. Man könnte meinen, Komplexe dadurch verstehen zu können, wenn man sie auf ihre Grundbausteine reduziert und nach dem Mechanismus sucht, der diese Einzelteile zusammenwirken lässt. Jedes Personalproblem findet im eigenen spezifischen Umfeld statt und folgt eigenen Gesetzen und Regeln. Somit sind auch die ohnehin schon schwer zu entwirrenden dynamischen Wirkungsbeziehungen zwischen den Personalfaktoren von Fall zu Fall unterschiedlich: auch wenn dieses Geflecht der Wirkungsbeziehungen noch so undurchdringlich erscheinen mag, so können zur Ausschöpfung von Potentialen nicht alle Stellschrauben gleichzeitig angezogen werden. Bei ganzheitlicher (gesamtwirtschaftlicher) Betrachtung gibt es für Gründungstätigkeiten vor allem zwei Einflussfaktoren: die Konjunktur und die Arbeitsmarktentwicklung. Konjunktur: wirkt als „Pull-Faktor" auf das Gründungsgeschehen (eine gute Konjunktur „zieht" Erwerbstätige in die Selbständigkeit. Arbeitsmarkt: wirkt als „Push-Faktor" auf das Gründungsgeschehen (Erwerbsfähige bekommen durch negative Arbeitsmarktentwicklung einen Anstoß zur Selbständigkeit). Die durch Digitalisierung maximierten Möglichkeiten stellen die Gesellschaft vor neue Anforderungen. Denn vernetzte Lebensweisen sind nicht nur flexibel und grenzüberschreitend, sondern auch anspruchsvoll (anstrengend). Vernetzung macht die Welt nicht nur schneller, sonder auch komplexer. Diese digitalisierte Welt kann man nur richtig verstehen, wenn man lernt, selbst komplexer (vernetzter) zu denken. Die Vernetzung muss man als sozialen Wandlungsprozess (der neue Verbindungen und Beziehungen schafft) begreifen, man braucht eine neue Perspektive, so etwas wie einen „synthetischen Blick" des ganzheitlichen Denkens. Da mit Personalfaktoren keine Sachen gekennzeichnet werden, sondern man es mit Personen zu tun hat, deren Handeln und Wirken nicht genau berechenbar sein kann, dürften exakte auf Woche oder Monat genaue Zeitangaben zur Wirkungsdauer eines veränderten Faktors in der Praxis kaum machbar sein. Das heißt aber nicht, dass deshalb der Zeitfaktor ausgeklammert und unbeachtet bleiben sollte. Einmal grundsätzlich abhängig von dem zu betrachtenden Personalfaktor könnte deshalb durchaus der Versuch lohnen, sich zumindest gewisse Bandbreiten und Zeitkorridore zu überlegen. Muße ist das Losgelöstsein und Freisein von den Geschäften des Alltags. Unfähig, Muße zu ertragen, läuft man Gefahr, im Termindruck zu ersticken, zum Knecht einer ruhelosen, brutalen Agenda (die keine weißen Flecken mehr duldet) zu werden. Muße kann als Zeit für das Zeitlose die Zeit einspielen, die es braucht, dass im Gehirn die Gedanken so lange frei flottieren, bis sie sich zu etwas Vernünftigem bündeln. Die immer wiederkehrenden Diskussionen über Banker, deren Boni und Abfindungen wären Anlass genug, um einmal grundsätzlich Auslese, Bewertung oder Vergütungen für Führungspersonal umfassend zu analysieren, neu zu hinterfragen und notwendige

Änderungen anzustoßen. Von Interesse könnten insbesondere Potentiale und Gewichtungen sein. Nicht so sehr die absoluten Werte, sondern die richtigen Relationen zueinander stünden hierbei im Vordergrund. Entscheidungsunterstützung mit dem Konzept der Personalbilanz: dabei ist die Personenbilanz eine zentrale Studie, die eine ganzheitlich ausgerichtete Standortbestimmung erlaubt. Eine Personalbilanz funktioniert als 360-Grad-Radarschirm für verschiedene Beurteilungszwecke und -ebenen, mit dem insbesondere auch „weiche" Personalfaktoren umfassend identifiziert, differenziert abgebildet sowie systematisch bewertet werden können. Bewerber mit guter Personalbilanz können fordernder auftreten. Die Bereitschaft jüngerer Mitarbeiter, auch selbst Verantwortung zu übernehmen geht einher mit dem Ausdünnen von Hierarchien, was zwangsläufig eine mehr partizipative Führung bedingt. Gerade Jüngere lassen sich mit der Demokratisierung von Wissen motivieren. Sie wollen nicht nur Know-how, sondern auch Know-why. Bei immer kürzeren Innovationszyklen wird die Qualität der Ausbildung zum strategischen Erfolgsfaktor. D.h. die Wettbewerbsfähigkeit einer Gesellschaft hängt nicht zuletzt von der Fähigkeit der Menschen ab, wie schnell diese in der Lage sind, auf neue Entwicklungen zu reagieren. Generelles Ziel für das Bildungsmanagement ist die Sicherung einer qualifizierten Nachwuchssicherung, Verbesserung der Qualifikation zur kompetenten Aufgabenerfüllung und Erhöhung des Qualifikationspotentials. Altersabhängige Reifeprozesse lassen sich auf einem Bildungsweg wohl nicht negieren oder beliebig umschiffen. Der nachholbedürftige Erwerb notwendiger

Fähigkeiten, Erfahrungen und Kompetenzen könnte somit auch längere Studienzeiten bedingen. Spätestens im harten Berufsalltag würde man von solchem Mangel an Eigenschaften und Fähigkeiten (dann umso schmerzhafter) eingeholt. Veränderte Inhalte von Qualifizierungsmaßnahmen stellen Personalverantwortliche ebenfalls vor veränderte Herausforderungen. Mehr denn je werden Anleitung und Hilfe zum Selbstlernen im Mittelpunkt stehen. Die neuen Arbeitswelten stellen den Menschen einen Wandel „von der Muss-Arbeit zur Lust-Arbeit" in Aussicht. Bildungsmaßnahmen erfüllen nur dann voll ihren Zweck, wenn durch das Gelernte auch das Aufgabenspektrum im beruflichen Kontext besser gelöst werden kann, d.h. es geht darum, mit welcher Transferquote die Lernerfolge auch in die Praxis umgesetzt werden können. Die Hochproduktivitätsökonomie befindet sich in permanenter Revolution. Die Beschäftigten arbeiten verantwortlicher, nachhaltiger und effektiver. Sie müssen nicht mehr geführt werden. Sie führen sich selbst. Der Druck wird unausweichlicher: die Zahl derer nimmt zu, die starke Überzeugungen von ihrer Kompetenz haben, aber von dem Gefühl beherrscht sind, dass „sie aufgrund von Bedingungen, die sie selbst nicht kontrollieren konnten, unter ihren Möglichkeiten geblieben sind".(oder bleiben mussten). Aufgrund ihrer Degradierungserfahrungen Verbitterte, im Karriereaufstieg Übergangene und Gescheiterte. Das am Standort Deutschland immer wieder hochgelobte Scharnier zwischen oben und unten droht an Funktionsstärke zu verlieren. Kein Personalfaktor wirkt im System einer Personalbilanz nur für sich allein auf andere

Faktoren ein: vielmehr wird er selbst im Gegenzug von Rückkoppelungseffekten auch wieder von anderen Faktoren beeinflusst. Auch diese Wirkungseinflüsse verdienen es, dass man ihnen Beachtung schenkt und sie genauer untersucht. Die passiven Wirkungsstärken zeigen an, wie diesmal umgekehrt ein bestimmter Faktor von einem anderen beeinflusst wird. Es ist gewissermaßen der Mechanismus einer Zielvereinbarung: mit ihr wird gleichzeitig eine Anerkennung von Kompetenz und Verantwortung eines Mitarbeiters symbolisiert. Die Zielvereinbarung muss in ihrer Gestaltung ebenfalls in die Komponenten der Anforderungs- und Leistungsgerechtigkeit eingebunden werden. Denn Mitarbeiter kalkulieren sehr wohl die Relation zwischen erhaltenen Belohnungen und dem Aufwand, den sie hierfür betreiben müssen. Da sich Gesamtaufgaben immer aus einem größeren Spektrum von Einzelaufgaben zusammensetzen werden, werden durch Zielvereinbarungen wichtige Schwerpunkte und Prioritäten definiert und klar gemacht. Durch die freie Wahl der Mittel zur Zielerreichung wird man quasi gezwungen, Handlungsfreiräume zu füllen und Eigeninitiative zu entwickeln, zu treffen und sich selbst zu steuern: also gesamtunternehmerisch zu denken. Die Konkurrenz für Führungskräfte ist härter geworden: die Globalisierung erlaubt es, aus einem viel größeren Talente-Pool zu schöpfen als früher. Fachleute meinen, dass nur etwa dreißig Prozent des Erfolges einer Führungskraft durch seine Persönlichkeitsstruktur erklärbar ist. Ein sehr gerechtigkeitsliebender, rücksichtsvoller Mensch, der gezwungen ist, langfristig auch rücksichtslos zu agieren, muss mehr Kraft aufwenden als der Rücksichtslose.

Nur ein guter Verdränger kann mit diesem Zwiespalt gut leben, alle anderen reiben sich auf, ein Burnout ist praktisch vorprogrammiert. Ebenso gefährdet sind Menschen, die einen Hang zum Perfektionismus haben, die schwer „nein" sagen können. Oder die viel Aufwand betreiben, um anderen zu gefallen. Viele personalwirtschaftliche Tatbestände entziehen sich dabei einer quantitativen oder gar monetären Erfassung und erfordern die Berücksichtigung qualitativer Daten und Indikatoren. Noch tiefer reicht die Frage nach den richtigen Werten: eine Antwort hierauf kann nicht allein im Nachlesen von an vielen Stellen und zu vielen Gelegenheiten immer wiederholten Leitbildern gefunden werden. Denn im Kern geht es neben den Fähigkeiten auch um die Eigenschaften von Personen: in jeder Branche, in jedem Unternehmen und in jedem konkreten Einzelfall ist die Situation anders: die Arbeit des Überdenkens und Justieren von Werten und Personalfaktoren kann immer nur selbst geleistet werden. Eine durchgängige Ordnung der Personalfaktoren erhöht die Transparenz und ermöglicht das Erkennen von Potenzialen. So manche Führungsposition ist (ungeachtet vorhandener Kompetenz) allein dadurch fehl besetzt, wenn der Stelleninhaber entweder opportunistisch oder gar narzisstisch veranlagt sein sollte. Aus Unternehmenssicht wird es kritisch, sobald ein Narzisst mit Personalverantwortung gute Leute gezielt klein hält (z.B. aus Angst, nicht mehr selbst genug im Scheinwerferlicht zu stehen). Oder wenn die betreffende Person nicht mehr offen für Feedback von außen ist. Auf Dauer sind selbstverliebte Chefs der langfristigen Unternehmensleistung nicht zuträglich. Besser dagegen sind Führungspersonen, denen ein eher (dem Unternehmen und seinen Zielen) dienendes Selbstverständnis eigen ist. Die üblichen Filter der Personalauswahl werden diesem Umstand nicht immer gerecht: denn dienend steigt man oft (viel zu oft) auf der Karriereleiter langsamer nach oben, der Selbstverliebte ist oft schneller erfolgreich. Auch wenn mit der Erstellung einer Personalbilanz großer Wert auf Zukunftsbezogenheit und Potentialorientierung (anders als mit Bilanzen der Unternehmen) gelegt wird, so wird bei ihrem methodischen Ansatz trotzdem nicht auf eine detaillierte Analyse des Ist-Zustandes mit einer genauen Beobachtung der Ausgangssituation verzichtet. Der methodische Ansatz der Personalbilanz zeichnet sich grundsätzlich durch folgende vorteilhaften Merkmale aus: Übersichtlichkeit und Transparenz, leicht verständliche Darstellung, einheitlicher Aufbau, durchgängig bruchfreie Systematik und Abstimmbarkeit, zahlenorientierte Denkweise: und Vollständigkeit: eine Personalbilanz ist bereits vom Ansatz her auf eine ganzheitliche Betrachtungsweise hin angelegt. Das Schwergewicht wird insbesondere auf die sogenannten „weichen" Personalfaktoren gelegt. Da bereits standardmäßig immer die fünf Cluster Prozessfaktoren, Erfolgsfaktoren, Humanfaktoren, Strukturfaktoren und Beziehungsfaktoren vorstrukturiert sind, kann die Personalbeurteilung nicht auf mehr oder weniger willkürlich herausgesuchte Einzelaspekte reduziert werden: somit können mit einer Personalbilanz sowohl vielseitige Informationsanforderungen aus unterschiedlichsten Richtungen als auch zahlreiche Planungs- und Entscheidungszwecke abgedeckt werden. Einflussfaktoren für Humankapital sind beispielsweise: Aus- und Weiterbildung, Erfahrungen und Kompetenzen aufbauen, Mitarbeiter motivieren. Nichtwissen/ Nichtbeachtung in diesen Fragen/Einflussfaktoren kann sich heutzutage kein Unternehmen mehr leisten. Gute Führungskräfte müssen eine Reihe von Kernkompetenzen mitbringen. Diese beginnen mit der Fähigkeit zur erfolgreichen Mitarbeiterauswahl. Früher legte man großen Wert auf Fachkompetenz. Heute sind eher Flexibilität, Lernfähigkeit und eine hohe Einsatzbereitschaft oft wichtiger als das reine Fachwissen. Gute Führungskräfte müssen das Potential ihrer Mitarbeiter schon im Auswahlprozess erkennen. Die Führungskraft muss ein scharfes Gespür für Trends haben: insbesondere dann, wenn eine bevorstehende Umwälzung die gesamte bisherige Strategie in Frage zu stellen droht. Qualifikationsmaßnahmen müssen, was immer sie auch sonst den Mitarbeitern bieten mögen, den Fähigkeiten verpflichtet sein, die ein Unternehmen für erfolgreiches Agieren benötigt. Eine Qualifikationsbedarfsanalyse ist deshalb keine einmalige Angelegenheit, die nur einmal durchgeführt wird und dann damit erledigt ist. Das Humankapital Wissensmanagement erfordert zunächst auf der Führungsebene die Bewertung von im Unternehmen zirkulierenden Informationen. Ohne regelnde Strukturen wie beispielsweise Filterfunktionen oder Suchmaschinen ist die große Menge an Informationen in der Praxis kaum zu bewältigen. 80 % Business-Wissen steckt in Informationssystemen: insbesondere Führungsebenen können bei ihrer Entscheidungsfindung von Wissensdatenbanken profitieren. Der Managementstil von Führungskräften hängt stark von dem Jahr ab, in welchem jemand seine erste Stelle angetreten hat. Denn auch Manager werden stark durch ihre Lebenserfahrung geformt und die wichtigsten Erfahrungen machen sie in ihren ersten Berufsjahren. Und in dieser ersten intensiven Zeit ist es vor allem die wirtschaftliche Lage, die großen Einfluss auf den später praktizierten Managementstil samt auf die damit einhergehende Karriere hat. *Managementstil A*: wenn eine Führungskraft das Geld zusammenhält, die Kosten niedrig hält und nicht viel von Steuertricksereien hält. *Managementstil B*: wenn jemand mehr ein Draufgänger ist, eher mit großem Hebel operiert, viel investiert (auch in Forschung und Entwicklung) und wo immer möglich, mit Steuern trickst. Obwohl jede Führungskraft im Rahmen einer Karriere mehrere Auf's und Ab's durchlebt haben dürfte, unterliegt sie einem starken Einfluss einer langen „Pfadabhängigkeit": der Anfang eines Berufslebens ist offenbar prägender als alles, was dann später noch folgen mag. Je mehr über einem Unternehmen statt Schönwetter- dann einmal Gewitterwolken (Umsatzrückgang, Gewinneinbruch, Kundenverluste, aggressive Konkurrenz, Konjunkturrückgang, politische Umfeldverschlechterung u.a.) aufziehen, desto heftiger pfeift der Wind an der Bergspitze (sprich Managementebene). Die Illusion zu glauben, dass man freier werde, je höher man aufsteige, ist trügerisch. Vielmehr steigt die Gefahr, zum Getriebenen zu werden. Führungskräfte zählen zur Riege der Entscheider. Und immer geht es auch um ein gehöriges Maß von Risikomanagement. Einsame Entscheidungen machen eben auch die Person dahinter einsam. Von Nostalgie spricht man, wenn in der Erinnerung alles (vieles) schöner und besser war, d.h. vergangene Zeiten idealisiert und verklärt reflektiert werden, das sogenannte „Golden Age". Es gibt keinen anderen Fortschritt als den, den es gibt: die Gegenwart war schon alternativlos, als sie noch Zukunft war: Erwerbsarbeit dringt mittlerweile tiefer denn je in das Alltagsleben ein, Aufbau von Humankapital ist zu einem zentralen Thema geworden, Karriereplanung beginnt bereits im Kindergarten, das Individuum verwirklicht sich in seiner höchsten Form als Ich-AG, Konsum wird grenzenlos, die Durchökonomisierung aller Lebensbereiche schreitet fort. Krisen sind zum fast schon gewohnten Begleiter geworden: die Welt als globale Maschine zur Verwertung von Kapital vor dem Hintergrund entfesselter Geld- und Schuldenproduktion. Man kommt kaum noch hinterher, wie ein immer schneller aufschaukelnder Wandel Wirklichkeit wird: während man sich noch wundert, steht bereits die nächste technische Neuerung (oder gar Revolution) ins Haus. Kaum jemand blickt noch durch, wie alle diese neuen Apparate die Welt verändern und was sie mit ihren Benutzern machen: mit jenen, „die unaufhörlich analysiert und optimiert werden, und auch mit jenen, die glauben, sich den Veränderungen durch Nichtbenutzung entziehen zu können." Es sind meist Unkonventionelle, die Brüche lieben. Nicht, um einem gerade angesagten Trend zu folgen, sondern weil es ihre Vielseitigkeit abbildet. Auf perfekte Weise würde dies einer ziemlich gleichförmig erscheinenden Managerelite entsprechen. Geradlinigkeit oder heiße Eisen anpacken stehen auf der Rangskala der begehrtesten Managerqualifikationen nicht an oberster

Stelle. Dort zählen wie in der Politik ganz andere Maßstäbe: Geschmeidigkeit, äußerlich wie innerlich. Unangenehme Wahrheiten werden nicht (oder nur so, dass sie niemand versteht) ausgesprochen. Empörung tritt nur in Grenzen und wenn überhaupt, dann nur gefiltert und zeitverzögert ein. Günstiger ist es allemal, keine Entscheidung zu fällen als eine fatale. Mainstream-Denken ist durchaus nicht neu: Erwartungen sind etwas, dem man zu folgen und die man (ohne wenn und aber) zu erfüllen hat, man hat allen Vorstellungen möglichst perfekt zu entsprechen. Die Digitalisierung erzwingt einen Wandel, das Internet wirbelt ganze Geschäftsmodelle durcheinander und verhilft neuen Pionieren zum Durchbruch. Eine neue Generation von Gründern geht andere Wege als ihre Vorgänger aus der Ära der Maschinenbauer, Ingenieure oder Ladenbesitzer. Tempo ist alles, langsam gibt es im Internet nicht. Manche Ideen gehen auf, andere eben nicht. Startups solcher Art sind also immer auch Wetten auf die Zukunft. Ideen müssen nicht nur geboren, sie müssen auch mit ebenso großem Einsatz (und Begeisterung) zielführend umgesetzt werden. Ideen mögen gut oder sogar großartig sein. Trotzdem müssen sie manches gefährliche Gewässer durchkreuzen: die meisten Ideen werden von Gleichgültigkeit und durch fehlende Aufmerksamkeit bei der Anreicherung und Umsetzung gekillt. Unter Themenkomplexen wie beispielsweise Zeitwohlstand, Zeitnotstand oder Zeitsouveränität machen sich kluge Köpfe darüber Gedanken, ob wir nicht längst zu Sklaven unseres eigenen Fortschrittstrebens geworden sind. U.a. wird befürchtet (definitiv festgestellt), dass neue Möglichkeiten der Zeiteinsparung nur noch mehr Zeitnot produzieren würden. So wie es früher beschaulicher zuging, wurden durch den Zeitverbrauch auch viele Alternativen zunichte gemacht (der Druck der Alternativen war geringer). Vieles war einfacher: der Rahmen für Entscheidungen blieb für längere Zeiträume konstant. Da sich die Welt nicht so rasend schnell zu verändern schien, blieb die Unsicherheit in Fragen der Berufs- und Lebensplanung vergleichsweise überschaubar. Jedermann hat Angst, den nächsten großen Coup zu verpassen. Alles wird darauf gesetzt, mit der Innovationsgeschwindigkeit mitzuhalten. In diesem Goldrausch endet die Arbeit nie. Nach der Kernfrage Nr. 1 *„Was kann ich?"* werden unter dem Gesichtspunkt der Marktorientierung zusätzlich die Kernfragen Nr. 2 und Nr. 3 in den Mittelpunkt gerückt: *Wer bin ich?* und *Was will ich?* Eine Antwort auf diese Fragen gestaltet sich manchmal schwierig. Anhaltspunkte hierfür können beispielsweise auch Referenzen liefern, sofern sie nicht nur aus reiner Gefälligkeit bescheinigt wurden. Zweites Informationsmittel in diesem Fragenkomplex wäre dann der Lebenslauf. Hintergrund der beiden Fragen ist jedenfalls die Gewissheit, dass die Person eines Bewerbers mehr ausmacht als Noten in Ausbildungszeugnissen und standardmäßig aufpolierte Formulierungen in Arbeitszeugnissen. Diese Annahmen dürften ebenso auf Verfahren zutreffen, die in einem Zusammenhang mit Bewerbungen und Stellenbesetzungen stehen. Es macht nur wenig Sinn, mit einer Bewerbung den Markt zu betreten, ohne eine möglichst genaue und begründete Vorstellung darüber zu haben, für welches Leistungs-(Produkt-) angebot man selbst steht und welche Anforderungen Unternehmen auf der Nachfrageseite des Marktes an diesen Leistungsträger (Produktanbieter) stellen. Eine gute Ausbildung und Qualifikation sind alleine nicht mehr ausreichend: soll eine Bewerbung Erfolg haben, muss man sich etwas einfallen lassen. Denn zu viele wollen das Gleiche. Also her mit den vielgerühmten Alleinstellungsmerkmalen. Es geht darum, die eigene Marke, das wofür man brennt und was einen von anderen unterscheidet, sichtbar zu machen. Personalberater sprechen von einem Konzept des „Human Branding". Insbesondere im Bereich hochqualifizierter Fachkräfte folgt der Stellenmarkt seinen eigenen Regeln, für die vermehrt Kreativität, Professionalität und stellen- bzw. unternehmensspezifische Bewertungsstrategien gefordert sind. Eine Personalbilanz kann hierbei als breite Kommunikationsplattform für persönliche Entwicklungsmaßnahmen von Personen eingesetzt werden. Interessant wäre es schon, einmal auszurechnen was im Verlauf eines ganzen Arbeitslebens so an Lohnverdiensten zusammenkommen könnte und ob sich aus diesem Blickwinkel die Plackerei in Schule, Studium u.a. wenigstens bezahlt machen könnte. Burnout (so viele Experten) sei keine Krankheit, sondern ein Risikozustand. Erkennungszeichen sind u.a. Erschöpfungszustände, Tagesroutine wird zur Kraftanstrengung, Leistungsfähigkeit sinkt dramatisch, Distanz zur Umwelt wird größer, Erschöpfte werden zynisch, apathisch. Burnout ist zum gesellschaftlichen Problem in allen Schichten geworden. Eines jedoch ist sicher: beruflicher Stress und Burnout hängen eng zusammen. Besonders anfällig für einen Zusammenbruch durch Überschreiten der persönlichen Grenzen der Arbeitsfähigkeit scheinen perfiderweise zwei

Typen zu sein: die Idealisten und die Perfektionisten. Die Sucht nach einem „perfekten" Leben kann krank machen: das stete Streben nach höchster Perfektion und das Setzen unrealistischer Ziele. Wir leben in einer Welt von Selbstoptimierern, einer Welt des „immer-mehr" und des „immer-besser". Rudern stärkt Sozialkompetenz und Teamfähigkeit: mit einem Schritt in das schwankende Ruderboot verlässt man den Herrschaftsbereich des Alltags, gewinnt Abstand und lässt nach dem Ablegen vom Steg vieles hinter sich. Im Gleichtakt der Ruderblätter und dem gurgelnden Wasser unter sich kann sich das Denken leichter verlieren, die Gedanken werden freier. Rudern ist zwar eine eigenartige Art der menschlichen Fortbewegung, dennoch vielleicht eine sehr philosophische: ein Ruderer fährt zwar vorwärts, blickt dabei trotzdem immer nur zurück. Rudern ermöglicht durch gleichzeitiges Vorwärtsfahren und Rückwärtsschauen, mit dem Durchfahren einer schon verlassenen Gegenwart, eine besondere Wahrnehmung der Welt und sein Verhältnis zu ihr. Ein Ruderer durchfährt eine Gegenwart, die schon hinter ihm liegt. Eine Personalbilanz kann als breite Kommunikationsplattform für Entwicklungsmaßnahmen eingesetzt werden. Die Personalbilanz unterstützt die Früherkennung künftiger Chancen und Risiken und funktioniert als 360-Grad-Radarschirm für verschiedene Beobachtungszwecke und -ebenen, mit dem insbesondere auch „weiche" Personalfaktoren umfassend identifiziert, differenziert abgebildet sowie systematisch bewertet werden können. Aus den Ergebnissen können für das Personalmanagement fundierte, abstimmfähige Maßnahmen- und Handlungsempfehlungen abgeleitet werden. Da eine reine Status-quo-Betrachtung auf Dauer nicht ausreicht, kann diese hinsichtlich künftiger Perspektiven erweitert werden. Darstellungen auf Basis von Personalbilanzen legen die Dynamik der Wirkungsbeziehungen zwischen Personalfaktoren mit Hebel- und Rückkoppelungseffekten offen (graphische Netzdarstellung). Trotz zahlreicher Einzelaktivitäten im Zusammenhang mit dem Zukunftsrohstoff „Wissen" gibt es oft noch Lücken, die eine bestmögliche Ausschöpfung der in ihm steckenden Entwicklungspotentiale behindern. Insbesondere fehlt vielfach noch ein in sich schlüssiges Konzept bzw. Instrument, mit dem sich alle Einzelkomponenten des Intellektuellen Kapitals vollständig und mit einheitlicher Systematik abbilden lassen. Mit Hilfe einer Personalbilanz kann nicht nur das „Was-ist", sondern auch das „Was-sein-könnte" (Potenziale, Perspektiven) verdeutlicht werden. Viele stellen sich die Frage, ob es vielleicht ein so seltener Zufall (der sich im gesamten Universum nur einmal abgespielt hat) gewesen sei, der zur Entstehung des Lebens geführt habe (dann wären wir allein). Oder „war es in einer ähnlich zusammengesetzten Ursuppe auf einem ähnlich beschaffenen Himmelskörper tatsächlich unvermeidlich, dass sich aus Materie Leben formt?". Aber eine Tatsache ist auch: „dass die überwältigende Mehrheit aller jemals entstandenen Arten im Laufe der Erdgeschichte auf der Strecke geblieben ist. So kann niemand wissen, wie viel Zeit dem Homo sapiens noch bleibt. Die durchschnittliche Überlebensdauer einer Säugetierart hat in der Vergangenheit bei einer Million Jahren gelegen. Danach hätte der Mensch seine beste Zeit noch vor sich (Wissenschaftler datieren das

Erscheinen des modernen Menschen auf eine gewisse Zeitspanne vor rund zweihunderttausend Jahren). Aber der Mensch ist kein passiver Teilnehmer der Geschichte, der die Dinge hinnimmt, wie sie sind. Dank seiner ausgeprägten Erfindungsgabe greift er überall sein, und das nicht immer zu seinen Gunsten". „Der menschliche Geist ist eine zweischneidige Waffe. Er hat gleichzeitig den Himmel und die Hölle auf Erden geschaffen." Vom mit Röhren betriebenen Computergerät ENIAC, der nicht weniger als 27 Tonnen wog, hat es bis zum Smartphone („das rund tausendmal schneller arbeitet und zwei Millionen Mal mehr Speicherplatz besitzt als der Computer, der die amerikanische Apollo-Rakete samt deren Besatzung zum Mond und wieder zurück begleitet hat) gerade einmal siebzig Jahre gedauert. Roboter erledigen anstelle von Menschen immer mehr Aufgaben. Ob künstliche Intelligenz dem Menschen einst über den Kopf wächst, muss sich noch zeigen. Jedenfalls sind im Zeitalter des Internet als globales Kommunikationsmittel Informationen zum (wichtigsten) Rohstoff geworden (Signale, die man erst aus dem Rauschen der Umgebung herausfiltern muss). Vielleicht hat der menschlich gemachte Klimawandel ja sogar das Zeug, die nächste Eiszeit zu verhindern. Ist es wirkliche eine Epoche, in der „Wünsche, Pläne, Wissen und Handlungen einer einzigen Spezies den Fortgang der Erdgeschichte beeinflussen?"

Themen-Leitfaden

Bei dem Hier und Heute muss über das Mitarbeitergespräch eine fruchtbare Saat für das Morgen ausgebracht werden. Dabei sollte versucht werden, einerseits das Fundament zu beschreiben, auf dem sich Zukunftsperspektiven für Personalfaktoren erkennen und entwickeln lassen

Personalfaktoren werden zunehmend als Quelle für Wertschöpfung erkannt, diese ist jedoch nicht von den Menschen, die sie leisten, zu trennen - der Megatrend Digitalisierung mit selbstlernenden Systemen, kommunizierenden Maschinen, automatisierten Prozessen und Algorithmen macht vor kaum einem Arbeitsplatz halt

Je intelligenter, sensibler und flexibler Roboter werden, umso mehr werden sie zum alltäglichen Begleiter des Menschen in vielen Lebensbereichen, vielleicht sogar das menschliche Leben grundlegend umkrempelt

Umgang mit undurchsichtigen Zusammenhängen - Gefühl der Handlungsmacht, das zur Aufrechterhaltung aktiven Agierens notwendig ist - mit Clusterstrukturen Ordnung in ein System der Personalfaktoren bringen

Rohstoff Wissen: ein strategisches Gut mit Datenschutz-Paradoxon der dezentralen Datensammlung – Personalfaktoren und Intellektuelles Kapital identifizieren und aus verschiedenen Blickrichtungen bewerten

Mit maschinellen Lernverfahren wird Wissen aus Erfahrung generiert, Menschenverstand als Lernstoff für künstliche Intelligenz - Unternehmen haben das größte Interesse an qualifizierten Arbeitskräften: hierfür müssen sie teilweise selbst Verantwortung tragen und werden somit auch zum Teil des Wissenssystems

Freier Güterhandel kann Mobilität von Arbeit ersetzen - beim Braindrain auswandernder Wissenschaftlicher wird bei potenzialorientierter Betrachtung Zukunft gehandelt

Die Fabrik der Zukunft wird ein riesengroßer Computer sein: alles ist mit allem vernetzt und Maschine spricht mit Maschine - Gehirn aus Kunststoff und Silizium: bei Wirkungsbeziehungen von Personalfaktoren den Durchblick wahren

Rationales Denken ist linear, fokussiert und analytisch während intuitives Wissen auf unmittelbarer, nichtintellektueller Erfahrung der Wirklichkeit beruht – für Startups im Umfeld von Pull und Push die Wirkungen von Einzelfaktoren auf jeweils alle übrigen der Personalbilanz analysieren

Digitalisierung verändert unsere Welt - Zeit ist keine Ressource, von der wir zu wenig haben, sondern von der wir uns zu wenig nehmen

Werkzeug Personalbilanz mit Potenzialportfolio und Handlungsempfehlungen – Nicht nur Know-how, sondern auch Know-why: welche Wirkungen von ausgesuchten Einflussfaktoren auf das Gesamtsystem ausgehen

Der schnellste muss nicht der beste Weg sein – wer die Entfaltung seiner Potenziale brach liegen lässt gerät schnell ins Abseits von unerbittlichen Degradierungsprozeduren - Inaugenscheinnahme von Passivwirkungen im System der Personalbilanz

Zielvereinbarung und Motivation, die Zeiten sind hart für Führungskräfte: Personalentscheidungen haben einen hohen internen politischen Charakter und lösen im Gegensatz zu Sachentscheidungen längerfristige, nicht-lineare Wirkungsketten aus

Egotrip oder Servant Leadership und die Vorteile einer Personalbilanz als methodischer Ansatz

Viele personalwirtschaftliche Tatbestände entziehen sich einer quantitativen oder gar monetären Erfassung und erfordern die Berücksichtigung qualitativer Daten und Indikatoren

Rezessions- oder Boom-Manager allein in der Endlosschleife: je höher, je unfreier - die Welt ist so komplex geworden: da schafft es keine Führungskraft, noch überall Experte zu sein

Durchökonomisierung der Lebensbereiche mit Geschmeidigkeit und Mainstream-Denken

Im Zeitalter der Beschleunigung eine Wette auf die Zukunft - im valley der Weltverbesserer ist Tempo alles, langsam gibt es im disruptiven Leben nicht

„Weiche" Faktoren und ihre Managementzukunft mit Human Branding für High Potentials – Selbstvermarktung der Karriere für den Lohn eines Arbeitslebens

Selbstoptimierer und Perfektionisten - Gleichzeitigkeit von Vorwärtsfahren und Rückwärtsschauen

Personalbilanz mit durchgängig abstimmfähiger Bewertungssystematik als breite Kommunikationsplattform zur Entscheidungsunterstützung für die Bündelung und Gewichtung identifizierter Einflussfaktoren und Potenziale

Signale aus dem Rauschen der Umgebung oder wie viel Zeit bleibt dem homo sapiens?

Bei dem Hier und Heute muss über das Mitarbeitergespräch eine fruchtbare Saat für das Morgen ausgebracht werden. Dabei sollte versucht werden, einerseits das Fundament zu beschreiben, auf dem sich Zukunftsperspektiven für Personalfaktoren erkennen und entwickeln lassen

Erweiterung des menschlichen Körpers: Menschen, deren Körper durch künstliche Bauteile ergänzt wurden, sind Cyborgs. Und diese sind nicht mehr ein Zukunftsthema, sondern näher, als man denkt. Denn Technik unter der Haut, wie beispielsweise Herzschrittmacher, erweitert den Menschen. Oder: wenn Cochlea-Implantate die Hörfähigkeit (wenn die Hörschnecke im Innenohr beschädigt ist) wieder herstellen. Der nächste Schritt dieser Entwicklung: wenn die Technikerweiterungen des Körpers mit dem Handy gesteuert werden können: nachdem Sportarmbänder und Wearables viele Körperdaten (wie Herzfrequenz, zurückgelegte Schritte, u.a.) erfassen, wandern die Sensoren jetzt direkt in den Körper. Trotzdem sollte man noch nicht von einer sinnvollen Erweiterung des Körpers sprechen (die Maschinengötter der Science-Fiction-Literatur sind noch weit entfernt). Unabhängig davon träumen Menschen (Visionäre?) davon, ihren Körper zu optimieren und Schnittstellen zwischen Körper und Computer einzubauen (um auf diese Weise unsterblich zu werden). Vielleicht reicht es ja auch schon, dass der Mensch immer stärker mit seinem Smartphone verwächst. Technik in den Körper zu implantieren könnte für manche Anwendungen dann unter Umständen schon wieder überflüssig sein.

Bestandsaufnahme Motivationspotenziale: Erst eine umfassende oder spezielle Mitarbeiterbefragung zeigt als detaillierte Bestandsaufnahme die vorhandenen Motivationspotenziale einerseits sowie die entscheidenden Leistungshemmnisse andererseits auf. Damit können auch zukünftige Qualifikationslücken rechtzeitig erkannt und geschlossen werden. Der Analyse der Zufriedenheit externer Kunden (Kundenzufriedenheit, Kundenbindung) entspricht die Analyse der Zufriedenheit interner Kunden (Arbeitszufriedenheit). Grundsätzlich lässt sich folgender Zusammenhang feststellen: je höher die Arbeitszufriedenheit desto geringer die Fehlzeiten, je höher die Arbeitszufriedenheit desto geringer die Fluktuation, je höher die Arbeitszufriedenheit desto besser das Arbeitsergebnis, je höher die Arbeitszufriedenheit desto geringer die Unfallhäufigkeit.

Zusammenhang zwischen Zufriedenheit und Leistung:

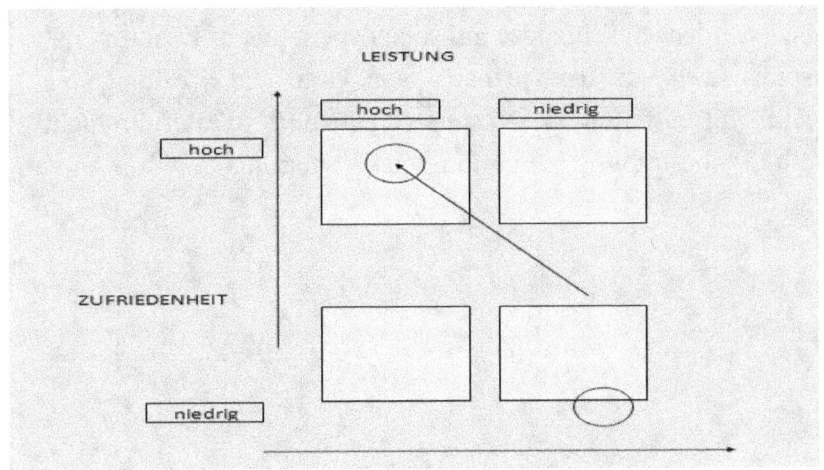

Führungsinstrument Mitarbeitergespräch: vor allem muss bei dem Hier und Heute über das Mitarbeitergespräch eine fruchtbare Saat für das Morgen ausgebracht werden. Dabei sollte versucht werden, einerseits das Fundament zu beschreiben, auf dem sich Zukunftsperspektiven für Personalfaktoren erkennen und entwickeln lassen. Andererseits sollen in dieses Bild Personal-Potentiale als Orientierungspunkte einschließlich ihrer dynamischen Wirkungsbeziehungen eingearbeitet werden: Mitarbeitergespräche als ureigene Führungsaufgabe, Überdenken-Neuausrichtung der Personalfaktoren, Gesprächsvorbereitung des Mitarbeiterprofils, allgemeine Fragen zum Einstieg in das Gespräch, Wirkungsbeziehungen zwischen Personalfaktoren, Ausbau zur Potentialanalyse, Wissens- und Qualifizierungsmanagement. Eine einfache Methode, alternative Maßnahmen u.a. einer Bewertung anhand von vorher festzulegenden Beurteilungskriterien zu unterziehen, besteht in der Vergabe von Punkten. Dabei werden die Punkte auf einer beliebigen Punkteskala, beispielsweise von 0-5, je nach dem Grad der Erfüllung des jeweiligen Beurteilungskriteriums vergeben (0 = Kriterium nicht erfüllt, 5 = bestmögliche Erfüllung des Kriteriums).

Beispielsweise:

Bewertungskriterium	Punktwerte 0-5 Abteilung				
	I	II	III	IV	V
Unternehmen	3,0	2,5	2,0	5,0	4,5
Arbeitsinhalt und -umfang	4,5	3,5	3,0	4,0	3,5
Arbeitszeit und privater Freiraum	3,5	3,0	5,0	4,0	4,0
Geschäftsreisen	3,0	2,0	2,5	3,5	4,0
Gehalt	4,0	3,5	4,5	2,5	3,5
Arbeitsbedingungen	4,0	4,0	3,0	3,0	4,0
Leistungsbeurteilung	4,5	3,5	4,5	3,0	2,5
Festlegung von Zielsetzungen	4,0	4,0	4,5	3,0	3,0
Management und Führungsverhalten	4,0	2,0	2,0	4,5	4,0
Aus- und Weiterbildungsmöglichkeiten	3,0	3,0	3,0	3,0	3,5
Qualität der Arbeit	3,0	2,0	3,5	3,5	3,0
Information, Kommunikation und Umfeld	3,5	4,0	4,0	2,0	3,0
SUMME	44,0	37,0	41,5	41,0	42,5

Personalfaktoren werden zunehmend als Quelle für Wertschöpfung erkannt, diese ist jedoch nicht von den Menschen, die sie leisten, zu trennen - der Megatrend Digitalisierung mit selbstlernenden Systemen, kommunizierenden Maschinen, automatisierten Prozessen und Algorithmen macht vor kaum einem Arbeitsplatz halt

Menschen in Organisationen sind keine passiven Gestaltungsobjekte, sondern Träger von Zielen, Bedürfnissen, Wertvorstellungen und der Möglichkeit des (re-)aktiven Handelns, was sich u.a. in der Aversion gegenüber (zusätzlicher) Steuerung und Kontrolle manifestiert. Die Ressource "Humankapital" weist eine Reihe charakteristischer Merkmale auf. Die kleinste Einheit des Wissensmanagements ist das Individuum als Träger von Fähigkeiten und Besitzer von Erfahrungen. Häufig ist der Organisation nur ein Teil dieser Fähigkeiten (z.B. Ausbildung, Sprachkenntnisse) bekannt. Diese bekannten Daten bilden aber nur einen Teil der Mitarbeiterfähigkeiten ab: wer die Fähigkeiten der Mitarbeiter nicht kennt, verpasst die Gelegenheit, sie zu nutzen (mangelnder Zugriff auf internes Expertenwissen). Erfolg hängt zuerst immer von Mitarbeitern ab: diesen ist wichtig, dass sie sich ernst genommen und gerecht behandelt fühlen. Als Mitarbeiter sind sie dann motivierter, engagierter und fester in das Unternehmen eingebunden. Sie fühlen sich auch für den Erfolg verantwortlich.

Nicht alles super im digitalen Kapitalismus: Digitalisierung betrifft auch Wissensarbeiter - der IQ ein zuverlässiger Erfolgsfaktor? Die Propagandisten der neuen digitalen Welt stilisieren ihre Geschäftsmodelle als Überwindung einer „alten Industrie" mit angeblich überkommenen Strukturen und Denkweisen. In einer digitalen Utopie werden allseitiger Komfort, selbstbestimmtes Leben und steigender Wohlstand durch die Vernetzung von Menschen und Dingen in den schönsten Farben gemalt: die Digitalisierung und Vernetzung bewirkt ungeahnte Produktivitätssteigerungen und Wachstumsschübe wie einst die Dampfmaschine, die Elektrotechnik oder das Fließband. Der ökonomische Kern dieser schönen Zukunftswelt sieht manchmal etwas anders aus: bereits bestehende Konsummärkte werden von Handelsplattformen okkupiert, d.h. nicht nur die Rationalisierung der Produktion sondern die Rationalisierung des Konsums bestimmen die Musik. Die Instrumente hierfür sind Internethandel, personalisierte Werbung, Suchmaschinen, digitale Bezahlsysteme oder Bestell-Apps. Der alles überdeckende Leitgedanke: wer permanenter Werbung ausgesetzt wird, wer immer und überall bestellen kann, kauft mehr und öfter (als wenn er an feste Zeiten und Orte gebunden wäre). Das Ziel: Schaffung von Handelsmonopolen durch Plattformen (ohne die Kunden ansonsten nicht zu den von ihnen gewünschten Produkten gelangen können) als Schlüssel zu Profiten.

Dabei ist allerdings nicht ausgemacht, dass neue Distributionskanäle wirklich auch neue Nachfrage schaffen. Offensichtlich ist zunächst nur, dass alte Kanäle kannibalisiert werden (Verdrängung des Einzelhandels). Und auch der Arbeitsalltag der in diesem Umfeld Beschäftigten sieht nicht immer rosig aus:

statt gesteigerter Selbstbestimmung gibt es eher die „verdichtete Kontrolle eines digitalen Taylorismus (sämtliche Arbeitsabläufe werden minutiös vorgegeben und aufgezeichnet). Und zur Realität der digitalen (Plattform-)Ökonomie gehört auch, dass nunmehr Privatpersonen, die nicht als Arbeitende klassifiziert werden, bestimmte Leistungen erbringen (müssen). Der Megatrend Digitalisierung mit selbstlernenden Systemen, kommunizierenden Maschinen, automatisierten Prozessen und Algorithmen macht vor kaum einem Arbeitsplatz halt. Zwar gab es schon immer Automatisierung. Neu ist aber, dass von ihr auch Wissensarbeiter wie beispielsweise Mediziner, Juristen, Wirtschaftsprüfer, Journalisten in einem solchen Umfang betroffen sind. Immer mehr lassen sich auch akademische Tätigkeiten automatisieren. Der Arbeitsalltag wird von einer Zusammenarbeit über funktionale und geographische Grenzen hinweg (Kollaboration) geprägt. Lebenslanges Lernen und Lernen am Arbeitsplatz werden von der Ausnahme zum Normalfall und essentiellen Baustein der Arbeitswelt. Soziale Netzwerke treiben die Interaktion voran und bündeln über gemeinsam genutzte digitale Plattformen das kollektive Wissen. Die Grenzen zwischen Lernen und Arbeiten fließen ineinander, kontinuierliche Weiterbildung ist für die Zukunft eine Kernanforderung. Neue Vergütungsmodelle stehen im Raum: ist in einem Jahr ein höhere Gehalt die attraktivste Option, ist es in einem anderen vielleicht ein längere Auszeit oder eine kürzere Wochenarbeitszeit. Alle Akteure sehen sich einem stärkeren Druck zu mehr Flexibilität ausgesetzt..

Ein IQ Intelligenzquotient gilt als Voraussage-Indikator für Erfolg in der Schule, Beruf und Leben und hat hierbei seine Eignung auch schon oft unter Beweis gestellt. Die Frage stellt sich, ob der IQ trotz aller Vorlieben und Präferenzen für ihn der einzige und zuverlässigste Indikator ist: Studien kommen zu dem Ergebnis, dass Intelligenz auch nicht alles sei. Wissenschaftler, die untersuchten, wer im späteren Leben und Beruf erfolgreicher war, mehr verdiente, häufiger ein eigenes Haus hatte und, und, und, kamen schnell und einhellig zum Ergebnis, dass vor allem die Persönlichkeit als Erfolgsfaktor gesehen werden muss. Wobei besonders folgende Persönlichkeitsmerkmale einen Menschen möglichst umfassend beschreiben könnten: Offenheit für Erfahrungen, Extraversion, Gewissenhaftigkeit, Verträglichkeit, emotionale Stabilität. So will man herausgefunden haben, dass statt Intelligenz eher Extrovertiertheit und Gewissenhaftigkeit Anzeichen dafür seien, dass jemand zu einer Führungspersönlichkeit werden könne. Der IQ sei besser geeignet vorherzusagen, welche akademische Leistung erbracht werden kann, für die Vorhersage von Berufserfolgen seien dagegen andere Persönlichkeitsfaktoren eher geeignet. Die Praxis scheint dies manchmal zu bestätigen: die besten an der Uni sind nicht zwangsläufig auch die Erfolgsreichsten im Job.

Im Kreis von Professoren und Forschern kann auch der schüchterne Typus viel wettmachen, wenn er blitzgescheit ist. Aber egal ob nun Manager oder Professor: für gute Leistung braucht es immer auch das Persönlichkeitsmerkmal Gewissenhaftigkeit. Wer gute Leistungen bringt, verdient nicht automatisch gut. Hierzu kommen Studien zu dem Ergebnis, dass emotionale Stabilität erzielte Gehälter am stärksten beeinflussen kann, flankiert vom Merkmal der Offenheit für Erfahrungen. Da emotionale Stabilität ihren Höhepunkt im Alter von sechzig Jahren erreicht, verwundert es daher weniger, wenn dann Ältere manchmal auch noch höhere Gehälter realisieren können. Die Bedeutung von Persönlichkeitsmerkmalen für spätere Berufs- und Gehaltserfolge könnte Eltern beruhigen, deren Kinder nicht den höchsten IQ vorweisen können. Der Personalbereich umfasst dabei ein weit gespanntes Netz von Einzelthemen. Zu den wichtigen gehören Existenzgründung, Bewerbung, persönliche Kreditwürdigkeit, Personalauswahl, Personal- und Stellenbewertung, Personalentwicklung und Karriereplanung, Work-Balance und Mitarbeiterzufriedenheit, Bildung und Weiterbildung, Wissensmanagement. Viele Aspekte aus diesen Bereichen können mit dem umfassenden Konzept einer Personalbilanz wirkungsvoll begleitet und unterstützt werden.

Reduktion der Komplexität mit Wissensbilanzen: Big Data bedeutet nicht automatisch einen Zuwachs von Wissen und Erkenntnis. Viele verbinden mit Big Data, dass nunmehr Computer allein auf sich gestellt alles prognostizieren könnten. Computer selbst verstehen aber wenig oder nichts von der zu analysierenden Sache. Dieser Tatbestand wird auch nicht dadurch geheilt, dass Computer so lange zum Korrelieren und Clustern gezwungen werden, bis dabei etwas statistisch Signifikantes herumkommt. Unternehmen sitzen, auch ohne dem Google-Geschäftsmodell anheimgefallen zu sein, trotzdem auf ganzen Bergen von Daten. Solche Ansammlungen sind aber noch keine Gewähr dafür, genau zu wissen, was man weiß: das Konzept der Wissensbilanz lässt grüßen. Mit Hilfe von ungeheuren Rechenleistungen lassen sich zwar beliebig Korrelationen finden: Computer alleine können aber oft die zugrunde liegende Datenqualität nicht erkennen. Der alte Spruch aus dem Beginn des Computerzeitalters vom „Garbage in – garbage out" hat nach wie vor seine Gültigkeit: sinnfrei gesammelte Daten sind meistens unsauber oder inkonsistent und können im unbehandelten Zustand leicht zu falschen und/oder irreführenden Ergebnissen führen. Ergänzend ist die Frage zu stellen, ob einfachere Methoden (vieles basiert auf der relativ simplen Methode der Durchschnitt-Rechnung) nicht auch kompliziertere Methoden schlagen können: einfache Methoden haben in jedem Fall den Vorteil, gegen strukturelle Veränderungen robuster zu sein. Vielleicht ist es trotz allem Big Data noch nicht altmodisch, gründlich nachzudenken, auf Sachkunde und Erfahrung zu setzen, Fragen zu stellen, Überlegungen anzustellen und zu strukturieren, um aus der schieren Datenflut wirklich benötigtes Wissen herauszufiltern.

Erweiterung mit Gewichten: bei einer gewichteten Analyse werden zunächst die für die Bewertung heranziehbaren Kriterien möglichst umfassend aufgeschrieben und auf eventuell vorhandene Überschneidungen hin untersucht. Die Bedeutung der einzelnen Bewertungsziele wird durch einen Gewichtungsfaktor (0-5) festgelegt. Für die Zuordnung von Erfüllungsgraden der gestellten Fragen ist ebenfalls eine geeignete Skalierung erforderlich, beispielsweise ebenfalls eine Skala von 1 bis 5 für sehr gut bis ungenügend:

Ablauf eines Gewichtsfaktoren-Bewertungsschemas:

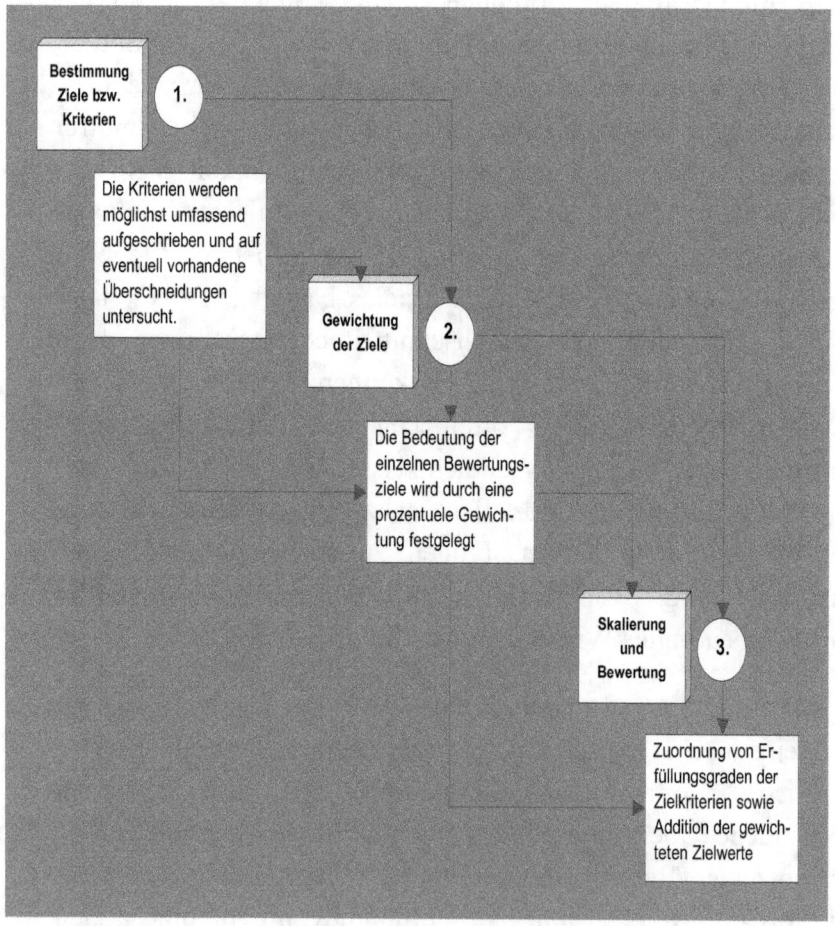

Festlegung der Gewichtungs-Kennziffer:

Bewertungskriterium	Gewichtungs-Kennziffer 0-5
Unternehmen	3,0
Arbeitsinhalt und -umfang	5,0
Arbeitszeit und privater Freiraum	5,0
Geschäftsreisen	3,5
Gehalt	5,0
Arbeitsbedingungen	4,5
Leistungsbeurteilung	3,5
Festlegung von Zielsetzungen	3,0
Management und Führungsverhalten	2,0
Aus- und Weiterbildungsmöglichkeiten	4,5
Qualität der Arbeit	3,5
Information, Kommunikation, Umfeld	2,5

Die vorher festgelegten Beurteilungskriterien werden mit einer Gewichtungskennziffer versehen. Durch die Multiplikation von Gewichtskennziffer mit o.a. Punktzahlen wird für die jeweiligen Bewertungskriterien eine nunmehr gewichtete Bewertungsziffer errechnet:

Errechnung Gewichtsfaktor x Note:

Bewertungskriterium	Punktwerte 0-5 Abteilung					Ge-wicht	= Gewichtsfaktor x Note Abteilung				
	I	II	III	IV	V		I	II	III	IV	V
Unternehmen	3,0	2,5	2,0	5,0	4,5	3,0	9,0	7,5	6,0	15,0	13,5
Arbeitsinhalt und -umfang	4,5	3,5	3,0	4,0	3,5	5,0	22,5	17,5	15,0	20,0	17,5
Arbeitszeit u. pirvater Freiraum	3,5	3,0	5,0	4,0	4,0	5,0	17,5	15,0	25,0	20,0	20,0
Geschäftsreisen	3,0	2,0	2,5	3,5	4,0	3,5	10,5	7,0	8,8	12,3	14,0
Gehalt	4,0	3,5	4,5	2,5	3,5	5,0	20,0	17,5	22,5	12,5	17,5
Arbeitsbedingungen	4,0	4,0	3,0	3,0	4,0	4,5	18,0	18,0	13,5	13,5	18,0
Leistungsbeurteilung	4,5	3,5	4,5	3,0	2,5	3,5	15,8	12,3	15,8	10,5	8,8
Festlegung Zielsetzungen	4,0	4,0	4,5	3,0	3,0	3,0	12,0	12,0	13,5	9,0	9,0
Management, Führungsverhalten	4,0	2,0	2,0	3,5	4,0	2,0	8,0	4,0	4,0	7,0	8,0
Aus- und Weiterbildungsmöglichkeit	3,0	3,0	3,0	3,0	3,5	4,5	13,5	13,5	13,5	13,5	15,8
Qualität der Arbeit	3,0	2,0	3,5	3,5	3,0	3,5	10,5	7,0	12,3	12,3	10,5
Information, Kommunikation, Umfeld	3,5	4,0	4,0	2,0	3,0	2,5	8,8	10,0	10,0	5,0	7,5
SUMME							166,0	141,3	159,8	150,5	160,0

Vermeidung Ungleichgewichte mit zweiter Bewertungsstufe: werden für die Bewertung eine Vielzahl von Einzelkriterien innerhalb von Kriteriengruppen benotet und gewichtet, kann sich durch die reine Addition der hieraus errechneten Bewertungsziffern ein Ungleichgewicht ergeben. Es sollte daher noch eine zweite Beurteilungsstufe durchlaufen werden, bei der die Kriteriengruppen als Ganzes gewichtet und mit den relativierten Gruppenbewertungsziffern multipliziert werden.

Die Addition dieser Werte ergibt eine Gesamtbewertungsziffer mit höherer Aussagekraft:

Bewertungskriterium	Punktwerte 0-5 Abteilung					Gewichtstufe in Prozent						
	I	II	III	IV	V	1.	2.	I	II	III	IV	V
Unternehmen	3,0	2,5	2,0	5,0	4,5	10		0,3	0,3	0,2	0,5	0,5
Arbeitsinhalt und -umfang	4,5	3,5	3,0	4,0	3,5	30		1,4	1,1	0,9	1,2	1,1
Arbeitszeit, priv. Freiraum	3,5	3,0	5,0	4,0	4,0	40		1,4	1,2	2,0	1,6	1,6
Geschäftsreisen	3,0	2,0	2,5	3,5	4,0	20		0,6	0,4	0,5	0,7	0,8
						100		3,7	2,9	3,6	4,0	3,9
1. Kriteriengruppe:							40	1,5	1,2	1,4	1,6	1,6
Gehalt	4,0	3,5	4,5	2,5	3,5	50		2,0	1,8	2,3	1,3	1,8
Arbeitsbedingungen	4,0	4,0	3,0	3,0	4,0	15		0,6	0,6	0,5	0,5	0,6
Leistungsbeurteilung	4,5	3,5	4,5	3,0	2,5	15		0,7	0,5	0,7	0,5	0,4
Festlegung Zielsetzungen	4,0	4,0	4,5	3,0	3,0	20		0,8	0,8	0,9	0,6	0,6
						100		4,1	3,7	4,3	2,8	3,3
2. Kriteriengruppe							10	0,4	0,4	0,4	0,3	0,3
Management, Führungsverhalten	4,0	2,0	2,0	4,5	4,0	10		0,4	0,2	0,2	0,5	0,4
Aus-, Weiterbildungsmöglichkeit	3,0	3,0	3,0	3,0	3,5	30		0,9	0,9	0,9	0,9	1,1
Qualität der Arbeit	3,0	2,0	3,5	3,5	3,0	30		0,9	0,6	1,1	1,1	0,9
Information, Kommunikation	3,5	4,0	4,0	2,0	3,0	30		1,1	1,2	1,2	0,6	0,9
						100		3,3	2,9	3,4	3,0	3,3
							50	1,6	1,5	1,7	1,5	1,6
GESAMTBEWERTUNG							100	3,5	3,0	3,5	3,4	3,5

Umgang mit undurchsichtigen Zusammenhängen - Gefühl der Handlungsmacht, das zur Aufrechterhaltung aktiven Agierens notwendig ist - mit Clusterstrukturen Ordnung in ein System der Personalfaktoren bringen

Wenn zahlreiche, eng miteinander verknüpfte, zudem auch eigendynamische Variablen in einem zu analysierenden System wirksam sind, ist ein systematisches Durchprobieren aller Einflussfaktoren oft schon aus Zeit- und Kapazitätsgründen kaum möglich. Auch ein Versuch, unter Konstanthaltung aller Größen mit Ausnahme einer einzigen, die dann gezielt verändert wird, bringt oft nicht das gewünschte Ergebnis, nämlich dem Gesamtsystem Reaktionen zum Zwecke der Identifikation von Wirkungszusammenhängen zu entlocken. Allein schon deshalb, weil es meistens nicht möglich ist, das gesamte Gefüge der Einflussfaktoren bis auf ein Element konstant zu halten. „Man kennt normalerweise gar nicht alle wirksamen Systemelemente, und von den bekannten entziehen sich wiederum einige dem direkten Zugriff. Ein an der sichtbaren Oberfläche ruhiges System lässt keineswegs immer den Schluss zu, dass sich im Innern ebenfalls nicht verändere".

Aussichtsreicher wäre es, möglichst breitgefächert an die Analyse heranzugehen und ein nach den jeweiligen Schwerpunktkriterien ausgewähltes Bündel von Einflussfaktoren gleichzeitig zu manipulieren, um dabei Antworten auf dieses mehrdimensionale Eingriffsmuster zu beziehen. Monokausale Beziehungen sind in dynamischen Wirkungsnetzen ohnehin eher die Ausnahme. Auch können auf diesem Weg wesentliche Verbindungen zwischen ganzen Variablengruppen herausgearbeitet werden, über die eine Steuerung des Gesamtsystems möglich ist. Diese Methode wird mit der Entwicklung einer Personalbilanz gezielt verfolgt. Man erhält dadurch auch ein Gefühlt der Handlungsmacht, das zur Aufrechterhaltung aktiven Agierens notwendig ist. Ansonsten besteht die Gefahr, dass man sich ausgerechnet bei dramatischen Veränderungen ganzer Systembereiche zu sehr auf Einzelpositionen bezieht. Der ohnehin meistens nicht sehr ausgeprägte Blick auf das Zusammenwirken aller Einflussfaktoren würde sich noch weiter verengen. Denn gerade in einem Krisenmodus wäre eine solche Konzentration auf letztlich winzige und unbedeutende Nebenschauplätze des Geschehens unangemessen und auch Außenstehenden nicht nachvollziehbar zu vermitteln.

Im Falle von undurchsichtigen Zusammenhängen muss man oft von den unterschiedlichsten Erfahrungshorizonten der Akteure ausgehen. Besonders wenn sich Entscheider in hierarchischen Positionen befinden, in denen sie (zumindest bis zu einem gewissen Grade) Dinge nach ihren eigenen Vorstellungen gestalten können. Es herrscht zwar an der Oberfläche betriebsame Hektik, doch wirksam gehandelt wird in undurchsichtigen Situationen eher weniger. Hinter dem Schleier von Aktionismus verbirgt sich oft akuter Handlungsmangel. Der Charakter mancher Entscheidungen entspricht einer Fahrweise, die ständig zwischen Vollgas und Totalbremsung wechselt.

Mit einem Satz: man braucht eine transparente und nachvollziehbare Kommunikationsplattform, mit der auch (oder gerade) in Situationen hoher Unsicherheit und Komplexität sinnvolle Richtlinien für verantwortungsbewusstes Handeln festgemacht werden können. Gerade in schwierigen Situationen, wenn für das eigene Vorgehen keine klaren Vorgaben abrufbar sind, muss eine gezielte Analyse des Zusammenwirkens von Werthaltungen und Handlungsabsichten methodisch und thematisch mit einer hierfür geeigneten Tool-Box unterstützt werden können. Es geht um flexible Reaktionsoptionen und differenzierte Abstufungen von Meinungsunterschieden. Reichen hierfür die im konkreten Anwendungsfall isolierten Einflussfaktoren und deren Merkmale nicht aus, so sollten diese zu möglichst einheitlichen Bündeln strukturiert werden. Aus der Gleichzeitigkeit des Vorhandenseins bestimmter Einflussfaktoren kann auf deren Reaktions- und Verhaltensmuster geschlossen werden.

Formenreichtum des heutigen Deutsch verschwindet, grammatische Feinheiten werden eliminiert – Ordnung im System der Personalfaktoren schaffen: unerheblich ist, wann genau eigentlich die deutsche Sprachlandlandschaft in Bewegung geriet und Elemente fremder Sprachen aufzunehmen begann: Verschleifungen und Versimpelungen der Umgangssprache, Sprachmischungen, grammatische Minimalismen. In der FAZ stand unter Bezug auf U. Hinrichs (Multi-Kulti Deutsch) zur Zukunft des heutigen Deutsch geschrieben: Kasusendungen werden abgeschliffen, grammatische Übereinstimmungen zwischen den Wörtern im Satz spielen kaum noch eine Rolle, Präpositionen stehen zur beliebigen Verwendung, das grammatische Geschlecht ist eingedampft, der Konjunktiv geht den Bach hinunter, die Satzstrukturen versimpeln. In Internet-Chats, Krawall-Shows und Vulgär-Comedies wird das Ideal der deutschen Hochsprache mit Füßen getreten. Jugendliche mischen aus verschiedenen Sprachfetzen einen sogenannten „coolen" Slang. Grammatische Feinheiten werden brutal eliminiert, vom Formenreichtum der deutschen Sprache bleibt kaum etwas übrig. Was ein Satz bedeutet, hängt heute immer weniger von ihm selbst sondern immer stärker vom umfließenden Kontext ab. Hauptsache ist: Verständigung muss halbwegs funktionieren, für Feinheiten bleibt dabei wenig Raum. Vielleicht bietet die englische Sprache mit ihrer bereits am weitesten reduzierten Wortgrammatik Trost: „sie büßte bereits im Munde der Kelten, Wikinger und Normannen über die Jahrhunderte hinweg viele ihrer grammatischen Feinheiten ein (W. Krischke)."

Clusterstruktur bringt Ordnung in ein System personenbezogener Einflussfaktoren: in einem solchen Kontext sollte man sich auf eine Bilanzstruktur einigen, d.h. jeden einzelnen der zuvor identifizierten Personalfaktoren einem bereits vorgefertigten Grundgerüst aus jeweils fünf Clustern eindeutig zuordnen: Prozessfaktoren, Erfolgsfaktoren, Humanfaktoren, Strukturfaktoren, Beziehungsfaktoren. Nun mag ja jeder für sich zu einer anderen Aufstellung der anzunehmenden Bilanzposten gelangen: wichtig ist dabei vor allem, dass eine solche Systematik auch für unterschiedliche Auswertungen in sich abstimmfähig und einheitlich beibehalten wird. Bereits an dieser

Stelle wird deutlich, dass eine Personalbilanz zwar für eine ganze Reihe von Aufgaben im Bereich der Personalwirtschaft sehr hilfreich sein könnte, für Zwecke beispielsweise der Personalauswahl aber auf den Bereich der Führungs- und Fachkräfte beschränkt bleiben dürfte. Gerade diese sind aber auch die Säulen, auf denen ein Unternehmen und die gesamte Wirtschaft ruhen: mit den allesamt aus Personalbilanzen ableitbaren Perspektiven geht es vor allem um Wirkungsbeziehungen, Potentiale, Zukunftsoptionen und Handlungsempfehlungen.

Mitarbeiterbefragung als Wissensbilanz-Seismograph: dem Betriebsklima auf die Spur kommen, Andocken am Gerüst der Wissensbilanz, Ausgangslage: Bewertung Wissensfaktoren, Ausgangslage: Wissensbilanz-Ampeldiagramme, Ausgangslage: Wissensbilanz-Portfolios, Marktforschung beim Kunden „Mitarbeiter", Mitarbeiterbefragung im Potenzial-Portfolio, Verknüpfung Mitarbeiterbefragung-Wissensbilanz. Im Bereich der Mitarbeiterbefragung geht es insbesondere um die Aufbereitung großer Datenmengen sowie deren Verdichtung. Mit univarianten Verfahren wird ein Merkmal bzw. eine Variable dargestellt. Mit bivarianten Verfahren werden die Zusammenhänge zwischen zwei Merkmalen dargestellt. Mit multivarianten Verfahren werden Fragestellungen analysiert, die sich gleichzeitig auf mehrere unabhängige Variable beziehen.

Arithmetisches Mittel = ungewichteter Durchschnitt = Summe der Messwerte geteilt durch Zahl der Meßpunkte

Gewichtetes arithmetisches Mittel = Messdaten, die mit unterschiedlichem Gewicht in den Durchschnittswert eingehen sollen.

Median = Zentralwert = statistischer Mittelwert für Rangreihen = Wert, bei dem 50% aller Fälle der Rangreihe enthalten sind, d.h. er halbiert die Rangreihe

Varianz = Streumaß gibt an, wie dicht die Merkmalsausprägungen am Mittelwert liegen bzw. um diesen schwanken.

Varianz = Summe der Abweichungsquadrate dividiert durch Fallzahl

$$= \frac{\sum_{i=1}^{n} (x_i - x)^2}{n}$$

$\sum_{i=1}^{n}$ = Summe aller Fälle 1 bis n

x_i = Merkmalsausprägung (z.B. Dauer der Betriebszugehörigkeit)

x = arithmetisches Mittel

n = Fallzahl (z.B. Anzahl Mitarbeiter)

Standardabweichung – Spannweite – Korrelation:

Standardabweichung = Quadratwurzel aus Varianz

Variationskoeffizient = gibt die Standardabweichung in Prozent des Mittelwertes an

$$= \frac{\text{Standardabweichung}}{\text{Mittelwert}} \times 100$$

Spannweite = größter Variablenwert

./. kleinster Variablenwert

Korrelation = Bestimmtheitsmass

= Zusammenhang zwischen zwei Variablen

= stellt eine Ansammlung von Merkmals-

kombinationen (Punktewolke) um eine

Gerade herum dar

Korrelationskoeffizient 0 = zwischen den untersuchten Variablen besteht keine Abhängigkeit

Korrelationskoeffizient +1 = vollständige positive Abhängigkeit
d.h. je größer eine Variable wird, desto größer wird auch die andere Variable

Regressionsanalyse: während mit der Korrelationsanalyse die wechselseitige Beziehung zwischen zwei Merkmalen untersucht werden kann, beschäftigt man sich hier mit einseitigen Abhängigkeiten: d.h. wie entwickeln sich Werte einer abhängigen Variablen unter dem Einfluss einer unabhängigen Variablen?

Werkzeug Personalbilanz mit Potenzialportfolio und Handlungsempfehlungen – Nicht nur Know-how, sondern auch Know-why: welche Wirkungen von ausgesuchten Einflussfaktoren auf das Gesamtsystem ausgehen

Die immer wiederkehrenden Diskussionen über Banker, deren Boni und Abfindungen wären Anlass genug, um einmal grundsätzlich Auslese, Bewertung oder Vergütungen ganz allgemein für Führungspersonal umfassend zu analysieren, neu zu hinterfragen und notwendige Änderungen anzustoßen. Von Interesse könnten insbesondere Potentiale und Gewichtungen sein. Nicht so sehr die absoluten Werte, sondern die richtigen Relationen zueinander stünden hierbei im Vordergrund. Für glaubwürde Veränderungen sollte man die nur im kurzen Gewinnmaximierungsbereich angesiedelte Personalpolitik verlassen und versuchen, sich mehr der taktischen Ebene, d.h. dem mehr qualitativen und strategischen Bereich zu nähern. Dabei ist der Übergang von sogenannten „harten", d.h. messbaren Personalfaktoren zu den sogenannten „weichen", d.h. angeblich nicht evaluierbaren Faktoren fließend. Wie auch immer ausgestaltete Personalbilanzen könnten hierbei Hilfestellung leisten.

Entscheidungsunterstützung mit dem Konzept der Personalbilanz: dabei ist die Personalbilanz eine zentrale Studie, die eine ganzheitlich ausgerichtete Standortbestimmung erlaubt. Eine Personalbilanz funktioniert als 360-Grad-Radarschirm für verschiedene Beobachtungszwecke und -ebenen, mit dem insbesondere auch „weiche" Personalfaktoren umfassend identifiziert, differenziert abgebildet sowie systematisch bewertet werden können. Aus den Ergebnissen (beispielsweise einem Potenzial-Portfolio) können fundierte, abstimmfähige Maßnahmen- und Handlungsempfehlungen abgeleitet werden. Die Personalbilanz unterstützt die Früherkennung künftiger Chancen und Risiken. Da eine reine Status-quo-Bewertung auf Dauer nicht ausreicht, kann diese hinsichtlich künftiger Perspektiven erweitert werden. Viele Darstellungsmöglichkeiten, wie z.B. Ampel-Diagramme mit rot-gelb-grün-Bereichen für die Bewertung von Einflussfaktoren, sind einfach verstehbar und können dadurch im Kontext personenbezogener Sachverhalte die Glaubwürdigkeit und Akzeptanz erhöhen.

Der Wunsch nach einer Work-Life-Balance ist generationsübergreifend ausgeprägt: er wird begünstigt durch geänderte Arbeitsmarkt-Bedingungen wie positive Wirtschaftsentwicklung und demographischen Wandel. Potenzielle Bewerber mit begehrtem Knowhow können fordernder auftreten. Die Bereitschaft jüngerer Mitarbeiter, auch selbst Verantwortung zu übernehmen geht einher mit dem Ausdünnen von Hierarchien, was zwangsläufig eine mehr partizipative Führung bedingt. Bei Jüngeren wird umso mehr Leistungsbereitschaft geweckt umso mehr ihnen für ihre persönliche Entwicklung geboten wird. Wenn ihnen Gelegenheit gegeben wird, in unternehmerisches Denken hineinzuwachsen. Wenn sie im Austausch über Bereiche hinweg lernen können, sich in unternehmerische Probleme hineinzudenken. Sie wollen nicht immer nur nach Anweisungen handeln, sondern selbst gestalten können (dürfen) und im Team nach Lösungen suchen. D.h.: jeder Mitarbeiter sollte in seinem Bereich mitsprechen und sich für das Ganze verantwortlich fühlen. Gerade Jüngere lassen sich mit der Demokratisierung von Wissen motivieren. Sie wollen nicht nur Know-how, sondern auch Know-why. Das Unternehmen selbst kann von ihren Fragen viel lernen und ist gut beraten, dabei auf Meinungsführer („sie vernetzen Informationen und verankern Botschaften") zu achten: „Aufgrund informeller Hierarchien durch Alter oder Erfahrung gibt es sie in jeder Gruppe".

Orientierungshilfe Aktivsummen: mit Hilfe von Aktivsummen kann im System einer Personalbilanz angezeigt werden, welche Wirkung von einem Faktor auf das Gesamtsystem ausgeht: man erhält Hinweise darauf, welcher Einfluss und Hebeleffekt über einen bestimmten Faktor möglicherweise ausgeübt werden kann. Das Einflussgewicht eines Faktors errechnet sich aus der Gesamtsumme aller Einzel-Aktivsummen sowie dem Prozent-Anteil der Aktivsumme eines Einzelfaktors an der Gesamtsumme für alle Faktoren. Vor dem Hintergrund der fast unübersehbaren Zahl von Wirkungsverknüpfungen zwischen den Faktoren sei darauf verwiesen, dass man sich die Arbeit wesentlich durch die Zuhilfenahme von hierfür zu erstellenden Programmen erleichtern kann. Entsprechende Werkzeuge sind verfügbar und müssen daher lediglich in intelligente Anwendungen umgesetzt werden. Als Nebenprodukt könnten beispielsweise auch Ansichten abfallen, in denen alle im Potential-Check berücksichtigten Personalfaktoren ihrer

Wirkungsstärke nach in eine Reihenfolge (entweder auf- oder absteigend) gebracht werden.

Strategisches Qualifizierungsmanagement: eines ist bereits im Vorfeld gesichert: die für die Erstellung einer Personalbilanz entwickelte Vorgehenssystematik erzwingt eine intensive Beschäftigung und Auseinandersetzung mit allem, was mit Personalfaktoren zusammenhängt. Allein durch die hierbei geleisteten Vorarbeiten fällt ein gesicherter Gewinn an entsprechendem Erkenntniswissen zu. Zu den strategischen Instrumenten des Qualifizierungsmanagements zählen qualitative Bedarfsschätzungen, Trendexplorationen, personalwirtschaftliche Technologiefolgeabschätzungen, Stärken-Schwächen-Analysen, Chancen-Risiken-Analysen, Kennzahlenanalysen, Szenario-Techniken, Frühwarnsysteme und Mitarbeiter-Portfolios. Anhand des nachfolgenden Personal-Portfolios geht es um die Fragen: wie sieht das aktuelle Leistungsverhalten aus? wie soll das zukünftige Entwicklungspotential aussehen?

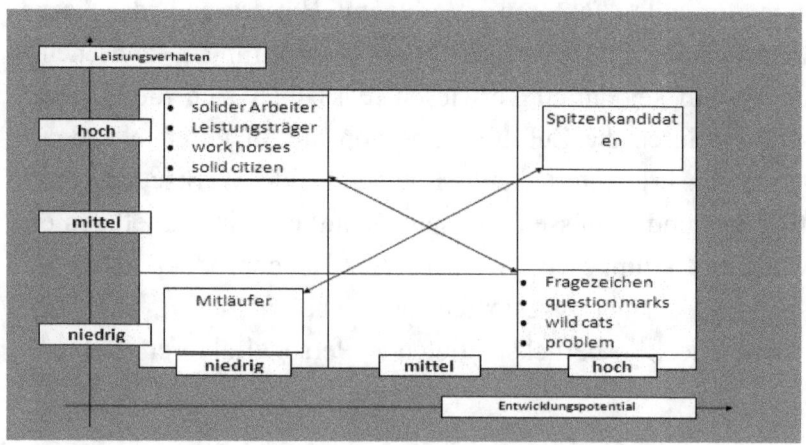

Die Anwendung von Szenariomethoden ermöglicht eine ganzheitliche Problemsicht und zeigt die Handlungsbedarfe in den verschiedenen Teilbereichen auf. Unter Berücksichtigung der relevanten Faktoren im Bereich der betrieblichen Planung können spezifische Personalszenarios entwickelt werden. Die Qualifikationsbedarfsanalyse ist gleichzeitig Bestandteil der umfassenden Unternehmensplanung. Auf der strategischen Ebene ist es daher sinnvoll, eine enge Verknüpfung zwischen Personalentwicklungs- und Unternehmensplanung herbeizuführen.

Qualifikationsbedarfsanalyse: in der Praxis werden Seminare häufig nach dem Gießkannenprinzip verteilt, ohne dass der Bedarf tatsächlich bekannt ist. Mitarbeiter sollten daher nur an Schulungen teilnehmen, wenn diese einen Bezug zu ihrer täglichen Arbeit haben. Für jede Position muss deshalb ein Anforderungsprofil erstellt werden, an dessen Soll-Werten der Mitarbeiter eingestuft wird. Im Rahmen von Zielvereinbarungsgesprächen ist der Mitarbeiter darüber zu informieren, welche Schulungen noch nötig sind, um dem Anforderungsprofil der Stelle zu genügen. Zu den für die Qualifikationsbedarfsanalyse einzusetzenden Instrumenten und Methoden zählen u.a. Arbeitsplatzanalyse, Anforderungsprofile, Mitarbeiterbeurteilungen und Qualifikationspotentiale. Insbesondere geht es dabei um die Feststellungen nach den Inhalten sowie der zeitlichen Lage der erforderlichen Qualifizierung:

Abgleich von SOLL-Qualifikationsbedarf mit IST-Qualifikation:

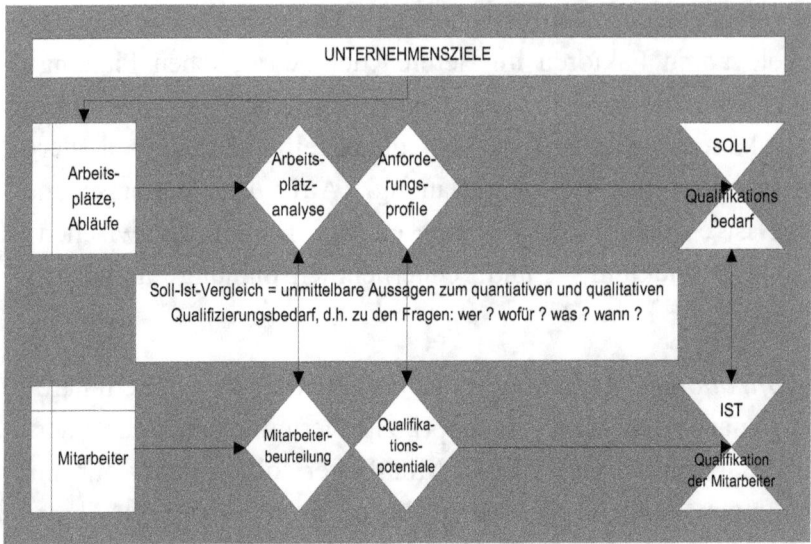

Lernziele und Lernerfolgskontrolle: bei der Ermittlung des Bildungsbedarfs sollten Unternehmensleitung und Vorgesetzte festlegen, welche Qualifikationen im Unternehmen verbessert werden müssen, um die heutige Aufgaben optimal erfüllen zu können und den Fortbestand des Unternehmens zukünftig sichern zu können. Wenn die Schulungsthemen und Ziele der Weiterbildungsmaßnahmen definiert worden sind, sollte in einem Konzept analysiert werden, auf welche Weise die festgestellten Qualifizierungslücken gefüllt werden sollen. D.h. nicht für jede aufkommende Frage muss gleich ein Seminar besucht werden. Denn oftmals ist das benötigte Wissen bereits intern bei erfahrenen Kollegen vorhanden. Im Rahmen der

Realisation von Weiterbildungsmaßnahmen sollten zunächst die Lernziele genau festgelegt und danach Anbieter entsprechend gebrieft werden. Zu empfehlen ist auch, anhand des Briefings ein Konzeptwettbewerb und/oder ein Probetraining zu veranstalten, um sich von den in Frage kommenden Anbietern ein genaueres Bild machen zu können. Jede Seminarteilnahme sollte anhand von Feedback-Bögen detailliert ausgewertet werden sowie spätestens nach etwa einem halben Jahr die Lernerfolge nochmals in der täglichen Arbeit überprüft werden.

Beteiligte	Aufgaben
▶ Unternehmensleitung	▶ o Weiterbildungsklima fördern
	▶ o Weiterbildung bei technischen und organisatorischen und personellen Grundsatzentscheidungen berücksichtigen
	▶ o Mittel für notwendige Weiterbildung bereitstellen
▶ Betriebsrat	▶ o Einbringen der Erfahrungen und Interessen der Mitarbeiter
	▶ o Unterstützung bei der Durchführung der Qualitätsbedarfs-Analyse und der Umsetzung von Innovationen und vorgesehener Weiterbildung
▶ Führungskräfte	▶ o Information, Beratung und Förderung der Mitarbeiter und des Personalwesens
	▶ o Initiative
	▶ o Beteiligung an der Qualifikationbedarfsanalyse
	▶ o Durchführung der Erfolgskontrolle
▶ Mitarbeiter	▶ o Einbringen der Erfahrungen
	▶ o Initiative
	▶ o Beteiligung an der Erfolgskontrolle
▶ Bildungspersonal	▶ o Vorbereitung und Durchführung der Qualifikationsbedarfsanalyse
	▶ o Auswahl und Durchführung von Weiterbildungsmaßnahmen
	▶ o Mitwirkung an Erfolgskontrolle

Controllingidee und Personalfunktion: Personalcontrolling überträgt als ein integriertes Planungs-, Informations- und Kontrollsystem die Controllingidee auf die Personalfunktion.

	Ressource "Personal und Arbeit"
Wertschöpfung →	Menschliche Arbeit wird zunehmend als Quelle für betriebliche Wertschöpfung erkannt, sie ist jedoch nicht von den Personen, die sie leisten, zu trennen.
Träger von Zielen, Bedürfnissen, Wertvorstellungen →	Menschen in Organisationen sind keine passiven Gestaltungsobjekte, sondern Träger von Zielen, Bedürfnissen, Wertvorstellungen und der Möglichkeit des (re-)aktiven Handelns, was sich u.a. in der Aversion gegenüber (zusätzlicher) Steuerung/Kontrolle manifestiert
Entscheidungen →	Personalentscheidungen haben einen hohen internen politischen Charakter und lösen im Gegensatz zu Sachentscheidungen längerfristige, nicht-lineare Wirkungsketten aus.
Meßprobleme →	Viele personalwirtschaftliche Tatbestände entziehen sich einer quantitativen oder gar monetären Erfassung und erfordern die Berücksichtigung qualitativer Daten und Indikatoren.

Personalcontrolling als Berichtswesen: nur wer seinen Standort kennt, kann über den richtigen Weg zum Ziel entscheiden. So gelangt man beispielsweise über eine Entgelt-Aufwands-Rechnung mittels Kennzahlen-Systemen zu Aussagen über die pro geleisteter Arbeitsstunde gezahlten Entgelte. Über einen kostenanalytischen Ansatz kann untersucht werden, welche Elemente der Entgeltkosten es gibt und wie diese zusammenwirken. Die Einflussgrößen-Modelle, die z.B. nach Mengen-, Preis- und Struktureffekten differenzieren, sind unentbehrliche Grundlagen für Planungsrechnungen. Die Kontrolle im Sinne eines Soll-Ist-Vergleichs ist eine Teilphase im Steuerungsprozess. Hier steht nicht die formale Richtigkeit, sondern die Erreichung inhaltlicher Ziele im Vordergrund. Folgende Kontrollaufgaben sind im Entgeltbereich wichtig: sind Sonderzahlungen wie z.B. Erfolgsprämien auch tatsächlich dahin geflossen, wo die Leistung entsprechend war? Entsprechen Funktions- und Stellenprofile sowie deren Zuordnung der aktuellen betrieblichen Situation? Werden Gehaltserhöhungs-Budgets eingehalten?

Personalwirtschaftliche Kennzahlen: obwohl Kennzahlen auch im Personalbereich eine wichtige Planungs- und Entscheidungsgrundlage sind, müssen diese den individuellen Bedürfnissen des einzelnen Unternehmens allgemein sowie des DV-Bereiches speziell entsprechen. Typische Probleme, die bei der Bildung von Kennzahlen auftreten können, sind: 1. Die Kennzahleninflation: es werden zu viele Kennzahlen gebildet, deren Aussagewert im Verhältnis zum Erstellungsaufwand zu gering ist oder schon von anderen Kennzahlen abgedeckt wird. 2. Fehler beim Aufstellen von Kennzahlen: die zur Bildung der Kennzahlen herangezogenen Basisdaten müssen genau abgegrenzt werden. Um die Vergleichbarkeit von Kennzahlen im Zeitablauf zu gewährleisten sollten Sie deren Aufstellung standardisieren. 3. Mangelnde Konsistenz von Kennzahlen: die Verwendung mehrerer Kennzahlen in einem Kennzahlensystem darf keinen Widerspruch beinhalten. Sie sollten nur solche Größen zueinander in Beziehung setzen, zwischen denen ein nachweisbarer Zusammenhang besteht. 4. Problem der Kennzahlen-Beeinflussbarkeit: Sie sollten zwischen direkt und indirekt kontrollierbaren Kennzahlen unterscheiden. Im ersten Fall kann ein Soll-Wert durch eine oder mehrere Aktionsvariable beeinflusst werden, während dies bei nur indirekt kontrollierbaren Kennzahlen nicht der Fall ist.

Je intelligenter, sensibler und flexibler Roboter werden, umso mehr werden sie zum alltäglichen Begleiter des Menschen in vielen Lebensbereichen, vielleicht sogar das menschliche Leben grundlegend umkrempelt

Je digitaler, je vernetzter die Produktion wird desto mehr steigt die Bedeutung der Roboter. Wenn in Europa eine Roboterstunde fünf Euro kostet, die gleiche Zeit für einen Arbeiter aber 45 Euro und mehr kostet, scheint dieses auch nicht verwunderlich. Neben Big Data sind Roboter ein Kernelement von Industrie 4.0., ein Herzstück vernetzter Produktionsstraßen. Dabei ist das Interessante an Robotern bald schon nicht mehr die Maschine selbst, sondern sein Anwendungswissen durch seine Vernetzung in die Produktionsabläufe. Roboter sind bereits weitaus mehr als bewegliche Großmaschinen, die nur schwere Teile heben, stemmen, drehen, anflanschen oder verschweißen können. „Ein Roboter im technischen Sinn ist jeder Automat mit mehreren Achsen, der also mehr als nur in eine Richtung beweglich ist".

Auch der Einsatz von Robotern wandelt sich. Während Roboter bislang wie andere Anlagen auch einfach nur verkauft wurde, Eigentum des Käufers wurde und dann bei diesem seinen Dienst versah, werden nunmehr stattdessen nur die Kapazitäten der Roboter verkauft: „Nicht der Autohersteller kauft Roboter für seine Produktion, sondern der Roboterhersteller holt die Produktion des Kunden in seine Fabrik. Er verkauft statt Roboter deren Leistung. Und: ein Roboter wird nicht krank und macht keinen Urlaubsanspruch geltend". Roboter werden in Zukunft zwar immer mehr können, aber den Menschen mit seinen Fähigkeiten der Auge-Arm-Koordination und Entscheidungen zu treffen nie vollständig ersetzen können. Roboter lernen (im Gegensatz zu manchen Menschen) aus eigener Tätigkeit ständig hinzu, vermeiden für die Zukunft einmal gemachte Fehler. Der rasenmähende Roboter gehört mittlerweile schon zur Normalität. Der Roboter, der Berater aus Fleisch und Blut ersetzt, steht bereits vor der Tür.

Verhältnis Arbeitgeber zu Arbeitnehmer im Wandel – alles basiert auf dem Gerüst von Personalfaktoren, die Regeln ändern sich: die früher vertikale Loyalität zwischen Arbeitgeber und Arbeitnehmer (du darfst bei mir arbeiten, wenn du loyal bist) geht weiter über in eine mehr horizontale Loyalität zwischen Arbeitnehmern selbst (Bildung von Netzwerken). Die Arbeitswelt wird immer differenzierter und kreiert neue Modelle der menschlichen Zusammenarbeit. Dahinter stehen ganze Gesellschaften verändernde Tendenzen wie Digitalisierung oder Wertewandel (in dem sich Menschen öfter und radikaler die Sinnfrage stellen). Wenn sich Erwartungen und Ansprüche ändern, die von Mitarbeitern an ihren Arbeitsgeber gestellt werden, muss auch dieser sich ändern, müssen sich die Führungskompetenzen anpassen. Manager müssen ihren Mitarbeitern einen Grund (außer Geld) geben, warum sie morgens aufstehen und zur Arbeit kommen sollen. Sonst sind sie nicht attraktiv für innovative Köpfe. Manche Unternehmen sind weiter als andere, weil deren Mitarbeiter ihre Ansprüche früher eingefordert haben. Oder einfach auch deshalb, weil diese Arbeitgeber in schnelleren Märkten unterwegs und so dem Druck zur schnellen Veränderung direkter ausgesetzt sind.

Diese Veränderungen der Arbeitswelt haben ebenso dynamische Auswirkungen auf Personalauswahl und Bewerbungen. Die Inhalte von Lebensläufen ändern sich und damit auch die Verfahren, wie man mit ihnen umgeht. Statt standardmäßig aus dem Drucker herausgezogener Bewerbungspapiere steht mehr die Persönlichkeit des Bewerbers im Vordergrund. Bewerbungsunterlagen müssen heute neben den beruflichen Stationen auch den Bewerber selbst als Person zeichnen: wie er wirklich ist, wofür er steht und was ihn antreibt. Auf der einen Seite also muss sich der Bewerber öffnen und auch persönliche (ehemals eher als privat eingeordnete) Informationen zu sich preisgeben. Auf der anderen Seite aber verfügt auch ein Bewerber seinerseits im Gegenzug über heute ungleich mehr Möglichkeiten, seinen zukünftigen Arbeitgeber genau kennenzulernen und auf viele Merkmale hin zu durchleuchten: in der digitalen Welt gehört die einstige Informationshoheit eines Arbeitgebers der Vergangenheit an.

Damit das System einer Personalbilanz seine volle Wirksamkeit entfalten und zur Geltung bringen kann, muss als Voraussetzung hierfür eine tragfähige Ausgangsbasis hergestellt werden. Hierzu gehört, dass zunächst einmal alle als wichtig erachteten Bilanzposten einer Personalbilanz identifiziert und abgeklärt werden. Diese Personalfaktoren sind praktisch die Lebensadern und Nervenbahnen der Personalbilanz. Die Liste der Personalfaktoren bestimmt praktisch den Handlungs- und Entscheidungsraum innerhalb dessen die Verfahren der Auswahl, Bewertung, Potenzialanalyse, Profilerstellung u.a. stattfinden. Verantwortliche und Entscheidungsträger in Personalfragen werden also kaum umhinkommen, diese Gesamtmenge von in Frage kommenden Personalfaktoren zu umreißen. Ohne Anspruch auf Vollständigkeit sind nachfolgend einige Beispiele, wie sie immer wieder auch in Stellenanzeigen oder Stellenbeschreibungen auftauchen können, aufgelistet: Teamfähigkeit, Nutzung IT-Techniken, Projekt-Dokumentationen, Verhandlungsgeschick, Change Management, eigene Business-Anwendungen, Wille zum Erfolg, Weiterbildungsaktivitäten, CRM-Wissen und –material, Ideenmanagement, Seminar- und Tagungsaktivitäten, Planungswissen und –material, Risikomanagement, Beratungsstärke, Generalist, ganzheitliches Denken, Projektmanagement, Publikationen-Veröffentlichungen, Zielorientierung und zielbezogenes Handeln, Mitarbeitergespräche, Akquisitionsstärke, Fachkompetenz, Innovationsfähigkeit, Checklistenmaterial, proaktives statt reaktives Handeln, systematische Vorgehensweise, Konzeptionsstärke, Problemlösungskompetenz, Strategiewissen und –material, Marketing des verfügbaren Intellektuellen Kapitals, Loyalität, Verlässlichkeit, Termintreue, Ausbildung, Professional Development, Allgemeinwissen, Teamfähigkeit, Mitarbeitergespräche und -konferenzen, ehrenamtliche Engagements, Nutzung Wissensbilanzkonzepte und -instrumente, eigene Wissensbilanzpotenziale gezielt erkunden, Marktfähigkeit ermitteln, klar definierte Ziele, Motivation, Leistungsbereitschaft, Flexibilität und Anpassungsfähigkeit, Publikationen, Kontakte zu Kompetenznetzwerken, Präsentation, Kommunikation des Intellektuellen Kapitals, Fremdbewertungen analysieren, Eigenbewertung, Selbsteinschätzung, Akzeptanz, Reputation, Unabhängigkeit, Unvoreingenommenheit, klare Wertvorstellungen, Führungs- und Sozialkompetenz, Verhandlungssicherheit, Fachkompetenz, Expertenwissen, Auslandserfahrung, Branchenwissen, Fremdsprachenkenntnisse, Projektmanagementkompetenzen, Controlling-Tools, Arbeitshilfen-Tools, Wissensbilanz-Tools, Mitgliedschaft-Teilnahme in Business Clubs, Ideensammlung, Erfahrungssicherung, strategische Positionierung des Intellektuellen Kapitals, Innovationsfähigkeit, regelmäßige Fort- und Weiterbildung, Teilnahme an Messen- Kongressen, Kooperationsfähigkeit, Auslandsaufenthalte, interdisziplinäres Arbeiten, Moderationsfähigkeit, Nähe zu Uni-FH, Beziehungen zu Vorgesetzten, private Netzwerke, Hilfsbereitschaft, Motivations- und Überzeugungsstärke, Meinungsaustausch mit Andersdenkenden, Key-Account Management, Kontaktfreude, Kontakte zu Personalentscheidern, Durchsetzungsvermögen. Diese Liste lässt sich beliebig ergänzen und verändern. Im konkreten Anwendungsfall sollte man von dieser Möglichkeit auch unbedingt Gebrauch machen. Denn hierauf wird bei einer konkreten Umsetzung alles weitere aufgebaut und abgeleitet.

Personality, Diversity und Employability: auch wenn jemand einen Hochschulabschluss hat ist für ihn noch lange nicht Schluss mit dem Lernen: auch das mit einem Studium erworbene Wissen reicht nicht für ein ganzes Erwerbsleben: die

Halbwertzeiten für Wissen, Fähigkeiten und Kompetenzen haben sich verkürzt, die Anforderungen der Arbeitswelt befinden sich im ständigen Wandel. Den Ansprüchen von Beschäftigungsfähigkeit, der sogenannten Employability muss man sowohl persönlich als auch sozial, fachlich und methodisch genügen. Wissensintensive Unternehmen vertreten nicht selten die Meinung, dass Absolventen nicht gut genug auf ihre Aufgaben vorbereitet sind und „nachgebessert" werden müssten. Mängel werden vor allem bei den „Soft Skills" (lösungsorientiertem Denken, Selbständigkeit, Kommunikationsfähigkeit u.a.) festgestellt.

Bei vielen Einstellungen überwiegen Merkmale der Persönlichkeit die der Examensnoten: auf das Potenzial und die Bereitschaft zur ständigen Weiterentwicklung kommt es entscheidend an. Wer seine Employabilität selbst kritisch hinterfragt und an ihr arbeitet wird es auch im Berufsleben leichter haben. Vor allem dann, wenn auch die Jobsicherheit zu den Karrierezielen zählt, was bei vielen Studierenden immer häufiger der Fall ist. Während in vergangenen Zeiten, streng nach Lebensphasen getrennt, Lernzeiten auf Kindheit und Jugend, Arbeitszeiten auf Erwachsene und Freizeiten auf Rentner entfielen, hat auch dieses sich gewandelt. Lernen wird zum Begleiter aller Lebensphasen und vermischt sich im Konzept von Work-Life-Balance fortlaufend weiter mit Arbeits- und Freizeiten. Dies alles und mehr findet seinen Ausdruck im breit gefächerten Spektrum der Diversity-Themen, d.h. der

Vielfalt am Arbeitsplatz: Persönlichkeit, Nationalität, Arbeitsmethodik, Arbeitsfunktion, Ethnizität/Volkszugehörigkeit, Alter, Sprachkenntnisse, Ausbildung, Geschlecht, sozioökonomischer Hintergrund. Arbeitgeber haben erkannt: Vielfalt zu leben kann neue Zielgruppen und Märkte erschließen und Wettbewerbsfähigkeit steigern. Man wird zu einem besseren Ort für Individualisten, Querdenker und alle, die gerne über den eigenen Tellerrand hinausschauen.

Rohstoff Wissen: ein strategisches Gut mit Datenschutz-Paradoxon der dezentralen Datensammlung – Personalfaktoren und Intellektuelles Kapital identifizieren und aus verschiedenen Blickrichtungen bewerten

Bei der Nutzung des Rohstoffs Wissen geht es: um Menschen, die ausgebildet, informiert und flexibel sind. Um Menschen, die über das nachdenken, was sie tun und bereit sind, Initiativen zu ergreifen. Um Menschen, die bereit sind, zu lernen und offen für innovative Veränderungen sind. Um Menschen, die fähig sind, sich auf einer "Just-in-time"-Basis neues Wissen und neue Fertigkeiten anzueignen. Um Menschen, die Fachliteratur lesen und fähig sind, in interdisziplinären Teams zu arbeiten. Um Menschen, die bereit sind Verantwortung zu übernehmen und Mitverantwortung für das Erreichen von Zielen akzeptieren. Um Menschen, die Unternehmensprobleme als ihre eigenen betrachten.

Ein potentieller Bewerber: muss mit dem strategischen Gut „Wissen", will er Erfolg haben, zielgerichtet umgehen. Im Vergleich zu gut strukturierten Daten in den IT-Systemen werden Wissen und Erfahrungen von Personen in der Regel nicht explizit dargestellt. Genau diese Informationen sind aber für den Personalentscheider von Bedeutung. Ihm geht es darum, in Köpfen gespeichertes Wissen für sein Unternehmen verwertbar zu machen. Zu unterscheiden ist zwischen explizitem Wissen, das sich anhand von Regeln abbilden lässt und implizitem Wissen, das sich aus Problemlösungskompetenz und Erfahrungsschatz des Bewerbers zusammensetzt. Auf der einen

Seite dürfen Bewerber nicht die Entwicklungen bei der Verwendung von Intellektuellem Kapital versäumen. Vielmehr müssen sie alles daran setzen, um ihre Ressourcen Talent, Wissen und Erfahrungen auch in dem Arbeitsumfeld von morgen zu etablieren. Auf der anderen Seite tragen auch die aufwendigsten Recruitingmaßnahmen nur ungenügend Früchte oder bleiben ganz wirkungslos, wenn personalsuchende Unternehmen nicht bereits intern die Voraussetzungen für eine systematische Identifizierung und Bewertung von Intellektuellem Kapital schaffen.

Der Erfolg eines Unternehmens hängt entscheidend davon ab, die richtige Kraft an der richtigen Position einzusetzen. Grundlage einer fast jeden Bewerbung ist der Rohstoff „Wissen": dies ist der Kapitalstock des Bewerbers. Die charakteristischen Merkmale eines Bewerbers werden in seinem Intellektuellen Kapital abgebildet. Der kernige Marketingsatz des „Change Knowledge into Cash" findet hier seine Berechtigung. Aus Sicht eines Unternehmens bei dem man sich bewerben will, ist Wissen nicht nur ein weiterer Produktionsfaktor neben den klassischen Faktoren Arbeit, Kapital, Grund und Boden – es ist vielmehr heutzutage der bedeutendste Produktionsfaktor überhaupt.

Information muss nicht bereits Wissen sein: Information und Wissen haben verschiedene Aspekte und dürfen nicht miteinander verwechselt werden. Vor der Wissensanwendung steht immer erst der notwendige Wissenserwerb. Eine Wissensvermittlung auf Vorrat von früher reicht heute bei weitem nicht mehr aus. Informationen alleine haben weder einen besonderen Wert noch einen Zweck an sich. Der Erfolg eines Bewerbers hängt davon ab, wie effizient er den Rohstoff Wissen zu nutzen weiß. D.h.: nur wenn es ihm gelingt, Daten zu Informationen und diese zu Wissen zu machen.

Begutachtung aus verschiedenen Blickrichtungen: gerade bei der Begutachtung von Personalfaktoren ist nichts oder nur wenig so wie es auf den ersten Blick aussieht: je nach Blickwinkel und Position des Bewertenden mag der gleiche Personalfaktor jeweils in einem ganz anderen Licht erscheinen. Dem kann eine Personalbilanz Rechnung tragen, indem sie sich nicht mit einer eindimensional verengten Betrachtungsweise begnügt, sondern jeden einzelnen Personalfaktor jeweils nach drei verschiedenen Dimensionen bewerten lässt, nämlich nach Quantität, Qualität und Systematik. Denn ein Mangel vieler Beurteilungen liegt in ihrer eindimensionalen Ausrichtung. Oft lassen sich zusätzliche Erkenntnisse damit gewinnen, dass eine Person nicht immer nur mit einer Blickrichtung und unter einem einzigen Aspekt beurteilt wird. Übernimmt man die Vorgehensweise einer Personalbilanz, so können sich neben beispielsweise der bloßen Quantitätsbetrachtung weitere Facetten, nämlich die der Qualität und Systematik, erschließen.

Jeder der Personalfaktoren sollte für sich einzeln beurteilt werden: jeder einzelnen Beurteilung sollte ein möglichst ausführlicher Fragenkatalog vorangestellt werden, mit dem für jeden der Personalfaktoren quasi eine Bewertungs-Checkliste erstellt wird. Danach werden für jeden einzelnen Personalfaktor drei Bewertungen durchgeführt: a) nach seiner Quantität, b) nach seiner Qualität und c) nach seiner Systematik. Für die Bewertung der Personalfaktoren können beispielsweise %-Zahlen von 0 bis 120 % oder dementsprechende Punktzahlen von 0 bis 12 Punkten vergeben werden. Es kommt nicht immer nur unbedingt auf die absolute Höhe dieser Werte an. Wichtig ist vielmehr, dass die Werte in der richtige Relation zueinander vergeben werden. Wenn alle Werte immer nur im Höchstbereich liegen, wäre dies eher ein Hinweis darauf, dass insgesamt zu hoch bewertet worden ist. Nur 100%-Bewertungen würden schlichtweg bedeuten, dass der Mitarbeiter keine weiteren Potenziale mehr auszuschöpfen hat. D.h. es wäre ein kaum realistisches Bild das einer Überprüfung standhalten würde.

Datenschutz-Paradoxon der dezentralen Datensammlung: paradox ist, wenn Menschen in Umfragen zwar angeben, sie wären an Datenschutz sehr interessiert und wie wichtig er für sie sei, zugleich aber intensiv ihre Daten (unter anderem) in sozialen Netzwerken preisgeben. D.h. Menschen geben (verschenken) ihre Daten, Konzerne bieten im Tausch dafür Dienste und verdienen an der Werbung. Ein (globaler) Trend ist dabei die dezentrale Datenverwaltung durch den Nutzer (eng mit Automatisierung und Vernetzung verbunden). Daten sind ein reichlich vorhandener Rohstoff mit rasant ansteigenden Wachstumsraten. Allerdings scheint der Vorteil für Nutzer, die ihre Daten abtreten, relativ überschaubar. Wenn es gut läuft, erhält er dafür präzisere Werbung. Doch auch dieses Geschäftsmodell ist auf Dauer wohl kein Selbstläufer, weil immer mehr Nutzer solche Werbung inzwischen ausblenden. Wenn aber Nutzer auf diese (ihre eigenen) Daten zugreifen könnten, würden sich daraus wohl neue Entwicklungen ergeben. Beispielsweise könnte das CRM-Konzept bisheriger Kundenverwaltung (Customer Relation Management) quasi auf den Kopf gestellt werden: nicht das Unternehmen würde seine Kunden verwalten, sondern der Kunde als Datengeber verschiedene Anbieter (also ein Vendor Relation Management). Das einseitige Marketing hätte ausgedient: das Internet sollte nicht durch Konzerne zentral dominiert werden, sondern in den Händen der Nutzer liegen.

Mit maschinellen Lernverfahren wird Wissen aus Erfahrung generiert, Menschenverstand als Lernstoff für künstliche Intelligenz - Unternehmen haben das größte Interesse an qualifizierten Arbeitskräften: hierfür müssen sie teilweise selbst Verantwortung tragen und werden somit auch zum Teil des Wissenssystems

Künstliche Intelligenz ermöglicht selbstfahrende Autos, versteht natürliche Sprachen, diagnostiziert Krankheitsbilder, sagt Börsenentwicklungen voraus. Nächste Entwicklungssprünge stehen angeblich bevor: „Rechner müssen zukünftig immer weniger programmiert werden, um bestimmte Aufgaben erfüllen oder Probleme zu lösen. Stattdessen operieren sie quasi selbständig mit Lernalgorithmen." Experten gehen davon aus, dass intelligente Systeme bald schon jegliche Form von Wissen autonom (ohne menschliche Hilfen) aus Daten gewinnen können. Rechner können mit Lernalgorithmen bereits heute aus umfangreichen, komplexen Daten Muster extrahieren, um Vorhersagen treffen und selbständig Entscheidungen fällen zu können.

Deep Learnig ist nichts anderes als die Erforschung künstlicher neuronaler Netze. In Anlehnung an neurowissenschaftliche Modelle des menschlichen Gehirns werden künstliche Netze antrainiert. Der Computer erlernt dabei in einem auf mehrere Schichten verteilten Netz, wie Merkmale der höheren Ebene aus Merkmalen der unteren Ebenen zusammengesetzt sind: „um beispielsweise Objekte auf Bildern zu erkennen, unterscheidet das Netz auf einer unteren Ebene Ecken, Linien und so weiter, auf höheren Ebenen klassifiziert es dann komplexe Formen, also etwa Teile des Objektes (z.B. das Gesicht), bevor schließlich auf der höchsten Ebene das Objekt als Ganzes (ein Kind) klassifiziert werden kann. Das Lernen geschieht gleichsam ohne Bewusstsein, Vernunft oder vorfabriziertes Wissen. Facebook und Co agieren schon nach dem Grundsatz, dass noch wertvoller als der Besitz großer Datenmengen deren intelligente Auswertung ist.

Experten sind sich einig, dass im deutschen Bildungssystem mehr dafür getan werden sollte, dass sich mehr Abiturienten für ein technisches oder naturwissenschaftliches Studium entscheiden. Vor allem werden hierbei die Schulen in der Verantwortung gesehen. Gerade weil es hier um anspruchsvolle Fächer geht, die sich nicht so schnell erschließen wie ein Theaterstück im Deutschunterricht. Umso mehr kommt es darauf an, dass Lehrer den Schülern nicht nur Wissen vermitteln, sondern sie auch zu motivieren verstehen (wie kann man Mathematik auf eine Weise unterrichten, dass die Schüler hiervon begeistert sind?). Hochschulen sollen den Studierenden zunächst einmal breites Grundwissen vermitteln und können daher nicht für (einzelne) Arbeitsplätze passgenau die Absolventen liefern. So haben denn auch beispielsweise deutsche Unternehmen eine bundesweite Initiative Wissensfabrik gegründet, in der Schüler und Gründer in einem Netzwerk zusammenarbeiten und dabei unternehmerisches Denken und Handeln einüben können. Bei Wissenschaftlern hängen Unternehmen in Deutschland nicht völlig vom Bildungssystem hierzulande ab: denn etwa ein Drittel der eingestellten Wissenschaftler stammen aus dem Ausland (haben teilweise schon hier studiert oder kommen von internationalen Hochschulen).

Bei Facharbeitern allerdings wird von der Wirtschaft der Nachwuchs nicht nur als zu knapp, sondern teilweise auch als zu ungeeignet bemängelt: „Bei vielen Jugendlichen ist die Ausbildungsfähigkeit einfach nicht gegeben. Wir müssen teilweise kompensieren, was die Schulen nicht leisten". Was im Bereich Rechnen und Rechtschreibung früher ein Realschüler ohne Schwierigkeit hinbekam, ist heute für Abiturienten nicht selbstverständlich. Unternehmen sehen sich daher gezwungen, Lehrlingen vor ihrer Grundausbildung erst nötige Grundfertigkeiten als Voraussetzung hierfür vermitteln zu müssen: neben Rechnen und Schreiben die richtige Einstellung (Erfolgsbewusstsein, Leistungsbereitschaft, Durchhaltevermögen). Aber es hilft alles nichts: Der Wirtschaftsstandort Deutschland ist rohstoffarm und auf wissenschaftlichen Nachwuchs (Fortschritt) angewiesen.

Umsetzung in dynamische personenbezogene Bewertungsnetze: die Tabellen der fünf Cluster für Personalfaktoren können in Netze übersetzt werden: die drei Eckpunkte eines Netzes werden jeweils durch die Bewertungsdimension Quantität, Qualität und Systematik abgebildet. Der äußere Rahmen eines Netzes = 100 % sollte durch die jeweiligen Bewertungen eines Personalfaktors möglichst weit ausgefüllt werden, d.h. im Idealfall würden die äußeren Linien des Netzrahmens mit den individuellen Bewertungslinien übereinstimmen. Sind die drei Bewertungsdimensionen eines Personalfaktors in etwa gleich gut/schlecht ausgeprägt, so würde dies auf den ersten Blick auch durch ein etwa gleichschenkeliges Dreieck deutlich: bei einem in „Schieflage" erscheinenden Dreieck wäre auf einen ersten Blick sichtbar, dass zwischen den jeweiligen Bewertungsdimensionen ein Ungleichgewicht besteht.

Aus dem Blickwinkel der Quantität würde lediglich darauf geschaut, ob die jeweilige Faktorenmenge ausreichend vorhanden ist, soweit man dies bei qualitativen Faktoren überhaupt ausreichend genau anzugeben weiß: sofern dies nicht möglich sein sollte, sollte man die Blickrichtung von der Quantität hin zur Qualität ändern. Das weitere Merkmal der Systematik soll dafür stehen, wie nachhaltig an der Weiterentwicklung des betreffenden Faktors gearbeitet wird: d.h. hier geht es über den augenblicklichen Ist-Zustand hinaus um Zukunftsfähigkeit und Potential dieses Faktors. Immer dort, wo die Verbindungslinie der Systematik-Bewertungen unter den Quantitäts- und Qualitäts-Linien zu liegen kommt, sollte man ganz gezielt nachschauen, da dieser Faktor dann keine weiteren Entwicklungs- und Ausbaumöglichkeiten hätte oder aber, vielleicht noch schwerwiegender, man diesen Faktor zumindest aus derzeitiger Sicht möglicherweise mit entsprechenden Konsequenzen vernachlässigen würde. Um hier mögliche Versäumnisse zu vermeiden, wird daher die Gesamtübersicht in ihre einzelnen Cluster aufgeteilt und dann Cluster für Cluster für jeden Personalfaktor die Differenzen und Abweichungen zwischen den Merkmalen Quantität, Qualität und Systematik angezeigt. Gegebenenfalls sollte man auch die abgegebenen

Bewertungen nochmals überdenken oder an dieser Stelle vielleicht notwendige Maßnahmen ableiten.

Freier Güterhandel kann Mobilität von Arbeit ersetzen - beim Braindrain auswandernder Wissenschaftlicher wird bei potenzialorientierter Betrachtung Zukunft gehandelt

Zum Kern des EU-Binnenmarktes gehört die Freizügigkeit des Personenverkehrs (einschließlich unbegrenzter Niederlassungsfreiheit). Die anderen Grundfreiheiten betreffen die Freiheit des Waren- und Dienstleistungshandels sowie den freien Kapitalverkehr. Mit dem Brexit stellt sich (zumindest manchem Volkswirtschaftler) die Frage, ob diese Faktoren für alle Zukunft unlösbar (wie von der Politik behauptet) miteinander verknüpft sind. Denn nach der ökonomischen Freihandelstheorie, bedingt der Handel mit Gütern nicht unbedingt auch die (unbegrenzte) Wanderung von Produktionsfaktoren. Im Gegenteil: der Handel können solche Wanderungsbewegungen sogar ersetzen (mehr Handelsliberalisierung statt Migration von Arbeitskräften). Nach dem Faktorpreisausgleichstheorem führt eine Intensivierung des Güterhandels zwischen einem kapitalreichen Land (Deutschland) und einem arbeitsreichen Land (z.B. Bangladesch) zur tendenziellen Angleichung der Lohnniveaus in beiden Ländern. „Denn Bangladesch konzentrierte sich vor allem auf arbeitsreiche Produkte wie Textilien, während Deutschland in erster Linie kapitalintensive Produkte wie Automobile exportiert. Infolgedessen stieg die Nachfrage nach Arbeitskräften in Bangladesch und führte dort zu steigenden Löhnen, während Textilien in Deutschland inzwischen kaum mehr rentabel hergestellt werden können und die entsprechenden Arbeitsplätze weitgehend verschwunden sind. Der Angleichungsprozess der Lohneinkommen wird verstärkt, wenn Kapitalmobilität besteht".

Der Handel mit Gütern bedingt also keineswegs die freie Mobilität des Faktors Arbeit, sondern kann diese vielmehr ersetzen. Zumal im Falle des Faktors Arbeit (im Gegensatz zu den Faktoren Waren und Kapital) gesellschaftspolitische Einflüsse eine Rolle spielen. „Denn im Fall der Personenfreizügigkeit kommen nicht einfach Produktionsfaktoren ins Land, sondern Menschen. Sie stellen nicht nur ihre Arbeitsleistung zur Verfügung, sondern erheben Anspruch auf soziale und gesellschaftspolitische Teilhabe. Sie bringen ihre Kulturen, Traditionen und Verhaltensweisen mit und bilden eigene Interessengruppen oder sogar Parteien. Damit können sie, anders als Güter und Kapital, die Identität, das Recht und die Politik des aufnehmenden Landes grundlegend verändern. Die Personenfreizügigkeit ist demnach kein ökonomisches Grundrecht. Vor allem nicht vor dem Hintergrund von Massenzuwanderung in die EU aus völlig anderen Kulturkreisen, für die dieses „Grundrecht" niemals gedacht war.

Nach Deutschland wandert eine zunehmende Zahl von Menschen ein. Jedes Jahr wandern aber auch etwa 140.000 Menschen aus Deutschland aus (OECD-Studie). Im Bereich der OECD leben inzwischen weit über drei Millionen ausgewanderte Deutsche. Der Anteil der Höherqualifizierten an den Auswanderern hat sich in den letzten Jahren (stark) erhöht. Von den im Ausland lebenden Deutschen im Erwerbsalter haben etwa vierzig Prozent ein hohes Bildungsniveau (Studium). Das wichtigste Standortziel für deutsche Auswanderer sind die Vereinigten Staaten, mit weitem Abstand gefolgt von Großbritannien, Schweiz, Frankreich, Italien und Spanien. Den hochqualifizierten Auswanderern stehen auf der anderen Seite aber auch hochqualifizierte Rückkehrer (allerdings wohl in geringerer Zahl) gegenüber: wenn Wissenschaftler und Ingenieure nach einigen Jahren mit zusätzlicher Qualifikation und Auslandserfahrung zurückkehren, wirkt sich dieses für den Standort Deutschland wiederum positiv aus. (140.000 Auswanderern stehen etwa 115.000 Rückkehrer pro Jahr gegenüber).

Mögen sich Personen auch dagegen verwahren, als Zukunftsaktien gesehen oder mit ihnen verglichen zu werden: die Auswahl speziell von Führungskräften hat eines mit der Börse gemeinsam: In beiden Fällen werden Potenziale für die Zukunft gehandelt. Die Liste der Vorteile von potentialorientierten Betrachtungsweisen ist lang: die ganze Ausrichtung der Potentialorientierung führt weg vom Gewesenen hin zu einer zukunftsbezogenen Chancenorientierung: denn ihrem eigentlichen Kern nach sind Potenziale nichts anderes als Chancen für die Zukunft. Wer könnte ein größeres Interesse an der Wahrnehmung dieser Chancen haben als eben jene von Personalauswahlverfahren Betroffenen? Und: je systematischer und transparenter nachvollziehbar solche Verfahren mit allen für die Auswahl zur Anwendung kommenden Kriterien offengelegt werden können, desto größer sind die Glaubwürdigkeit und Akzeptanz des Verfahrens.

Die Fabrik der Zukunft wird ein riesengroßer Computer sein: alles ist mit allem vernetzt und Maschine spricht mit Maschine - Gehirn aus Kunststoff und Silizium: bei Wirkungsbeziehungen von Personalfaktoren den Durchblick wahren

Der Supercomputer Watson von IBM ist einer der leistungsstärksten in der Welt. Als sogenanntes kognitives System zählt er zu dem Schlauesten, was Ingenieure je geschaffen haben. Ein Gehirn aus Kunststoff und Silizium mit (enorm hoher) künstlicher Intelligenz: dank ausgefeilter Technik kann es binnen eines Wimpernschlages Milliarden von Daten ordnen und analysieren, kann lesen, sprechen und schreiben. Die Maschine „kann Texte analysieren, Zusammenfassungen von Diskussionen und Debatten erstellen, die Arbeit ganzer Fabriken organisieren, Erbgut entschlüsseln."

Schon heute im Einsatz befindliche Roboter können „eine Stecknadel vom Boden aufheben und auf den Tausendstel Millimeter genau eine Schweißnaht ziehen". KI-Systeme können Millionen Berechnungen gleichzeitig machen, ihre Arbeit ständig evaluieren und in anstehenden Lösungen neuer Aufgaben mit verwerten. Kunsthirne aus hunderttausenden von Chips reagieren wie die Neuronen eines Gehirns, geben sich Signale, werden wie von Geisterhand aktiv. „So werden in den Steuerungs- und Schaltzentralen der Maschinen riesige Datensätze aufgebaut, die ganze Bibliotheken füllen würden und mit deren Hilfe sich die Systeme selbst korrigieren".

Soziökonomische Daten (Haushaltseinkommen, Bildungsabschlüsse u.a.) zu erheben, war im analogen Zeitalter ein äußerst aufwändiges Unterfangen, (Stichproben nehmen, Befragungen durchführen, Daten auswerten). Statt an Türen zu klopfen oder Bürger telefonisch zu interviewen haben Wissenschaftler stattdessen ein neuronales Netzwerk beispielsweise mit fünfzig Millionen Fotos aus Google Street View gefüttert. Ein Algorithmus analysierte die fotografierten Fahrzeuge als Bestimmungsmerkmal für den sozioökonomischen Status des Eigentümers (Fahrers) und stellte eine Zusammenhang mit Alter, Beruf, Familienstand, Hobbys, privaten Vorlieben her. Die Forscher waren sich sogar sicher, für ein bestimmtes Gebiet die Wahlabsichten aus den automatisch erfassten Fahrzeugen herleiten zu können.

Die Arbeitswelt mit digitalen Kompetenzen und Gestaltungsspielräumen: alles, was in der Wirtschaft digitalisiert werden kann, wird digitalisiert werden. Bereits zwei Drittel aller Beschäftigten haben in Deutschland einen digitalisierten Arbeitsplatz: neue Arbeitsformen und Abläufe brechen mit alten Strukturen. Der Umbruch ist für viele mit Unsicherheiten verbunden, weitet auf der anderen Seite durch Digitalisierung aber auch die Gestaltungsspielräume. Mit fortschreitender Digitalisierung gibt es mehr integrierte Zulieferer und IT-Dienstleister: weil es aufgrund von Spezialisierung mehr (grenzüberschreitendes) Outsourcing gibt. Die Work-Life-Balance wird neu austariert, denn der digitale Wandel schafft neue Freiheiten: Smartphones und Tablets machen es möglich, dass die Anforderungen von Unternehmen mit den Bedürfnissen ihrer Mitarbeiter besser vereinbar sind. Pendelzeiten können quasi als Präsenzzeiten genutzt werden, Arbeitszeiten können flexibler gestaltet werden, die strikte Trennung von Beruflichem und Privatem wird entgrenzt. Die Digitalisierung kann aber die persönliche Präsenz (face-to-face Gespräche) nicht ersetzen, d.h. Präsenzzeiten und mobiles Arbeiten müssen in einen sinnvollen Takt gebracht werden (ansonsten landet man leicht in einem digitalen Irrgarten). Es geht darum, „ein Gespür für das richtige Maß zwischen digital und analog, flexibel und stabil zu entwickeln". Grundsätzlich werden im Arbeitsmarkt mehr und umfassendere digitale Kompetenzen benötigt. Damit die Teilhabe aller gesichert werden kann, gilt es, digitales Analphabetentum zu verhindern.

Zwischen Personalfaktoren wirken zahlreiche Austauschbeziehungen mit mehr oder weniger starken Impulsweiterleitungen: diese dynamischen Wirkungsbeziehungen zwischen den Faktoren sind nicht fest verdrahtet, wie etwa die verlöteten Verbindungen in elektrischen Schaltkreisen: zu sehr befinden sich Personen in ständiger Bewegung und Veränderung. Deshalb sollte jeder Personalfaktor jeweils mit allen anderen Faktoren nach aktivem Wirkungseinfluss, passivem Wirkungseinfluss sowie der Dauer, bis eine Änderung in der Faktorenbeziehung wirksam wird, verknüpft und analysiert werden. Bevor man versucht, die Potentiale von Personen systematisch zu durchleuchten, sollte man zuerst die zwischen einzelnen Einflussfaktoren wirkenden Beziehungen näher ansehen und verstehen. Eine erste und einfache Orientierungshilfe könnten die folgenden Abstufungen sein: 0 = keine Wirkung, 1 = schwache Wirkung, 2 = mittlere Wirkung, 3 = starke Wirkung.

Nachdem nunmehr ein nahezu vollständiges Bild aller identifizierten Personalfaktoren vorliegt, geht es im Rahmen eines Potential-Checks um folgende drei Hauptfragen: zwischen welchen Personalfaktoren kommt es zu Wirkungsbeziehungen? wie stark sind jeweils solche Wirkungsbeziehungen? wie lange dauert es, bis eventuelle Änderungen eines Faktors bei einem anderen zu wirken beginnen?

zu Frage 1.: Werden zwischen zwei Personalfaktoren Wirkungsbeziehungen festgestellt, so können diese im System der Personalbilanz graphisch mittels Pfeilen angezeigt werden. Dabei zeigt der eingezeichnete Pfeil von dem die Wirkung ausübenden Faktor mit seiner Spitze in Richtung auf denjenigen Faktor, auf den diese Beziehung einwirkt.

zu Frage 2.: wurden zwischen Faktoren Beziehungen festgestellt und mit Hilfe entsprechender Wirkungspfeile angezeigt, so stellt sich die Frage nach der Stärke der jeweiligen Wirkungsbeziehung. Für die Durchführung eines Potential-Checks könnten folgende Stärke-Niveaus unterschieden werden: -3 = eher stark negative Wirkung, -2 = negative Wirkung, -1 = eher schwach negative Wirkung, 0 = keine Wirkung, +1= eher schwach positive Wirkung, +2= positive Wirkung und +3= eher stark positive Wirkung. In graphischen Wirkungsnetzen würde die Wirkungsstärke mit Hilfe der Pfeil-Dicke angezeigt: dünner Pfeil = schwache Wirkung (positiv oder negativ), dicker Pfeil = starke Wirkung (positiv oder negativ).

zu Frage 3.: es soll zusätzlich erfasst werden, wie lange es dauert, bis sich die entsprechende Wirkung (schwach, mittel oder stark) zeigt. Für den Potential-Check werden auch hierbei wiederum verschiedene Stufen angenommen. Mit Hilfe solcher Wirkungsnetze soll versucht werden, mehr Klarheit in das zeitweise nebulöse „Irgendwie" dieser gegenseitigen Abhängigkeiten und Korrelationen zu bringen: neben aktiver und passiver Stärke der gegenseitigen Wirkungseinflüsse sollte in Form der Wirkungsdauer-Analyse als zusätzliche Komponente der Faktor Zeit einbezogen werden.

Rationales Denken ist linear, fokussiert, analytisch während intuitives Wissen auf unmittelbarer, nichtintellektueller Erfahrung der Wirklichkeit beruht – für Startups im Umfeld von Pull und Push die Wirkungen von Einzelfaktoren auf jeweils alle übrigen der Personalbilanz analysieren

Wandel ist ein ständiges Fließen von Umgestaltung und ist nicht die Folge irgendeiner Kraft, sondern eine nahezu natürliche Tendenz, die allen Dingen und Situationen schon von Vornherein innezuwohnen scheint. Genauso wie das Rationale und das Intuitive komplementäre, sich ergänzenden Formen des Denkens sind. Rationales Denken ist linear, fokussiert, analytisch. „Es gehört zum Bereich des Intellekts, der die Funktion hat, zu unterscheiden, zu messen, zu kategorisieren. Dementsprechend tendiert rationales Denken zur Zersplitterung. Intuitives Wissen dagegen beruht auf unmittelbarer, nichtintellektueller Erfahrung der Wirklichkeit, die in einem Zustand erweiterten Bewusstseins entsteht". Es ist ganzheitlich, nichtlinear und strebt nach Synthese.

Viele Probleme haben ihre Ursache darin, dass sich das Ausbalancieren zwischen Denken und Fühlen, Wertvorstellungen und Verhaltensweisen nicht (mehr) im Gleichgewicht befindet. Die heutige Zeit gilt als das von rationalem Denken beherrschte wissenschaftliche Zeitalter. Rationalität gilt als das Maß aller Dinge, ein intuitives Wissen (das genauso zuverlässig und gültig sein kann) wird eher abschätzig bewertet. Die mechanistische Sicht der Welt bildet die Grundlage des Alltags, Robotisierung und Industrie 4.0 sind allseits bekannte

Ausdrucksformen hiervon. Viele Systeme (beispielsweise das der Ökologie) funktionieren nur so lange, solange sie in einem dynamischen Gleichgewicht (welches auf Zyklen und kontinuierlichen Schwankungen beruht) gehalten werden. Genauso wenig wie aus einer guten Sache nicht automatisch eine bessere wird, wenn man ihr noch mehr Gutes hinzufügt, genauso wenig wird unbegrenztes wirtschaftliches und technologisches Wachstum über alle Zeiten hinweg als rein lineares Geschehen möglich sein. Zwar können Menschen eine sanfte Landung von Raumsonden auf fernen Planeten, Kometen oder Asteroiden bewerkstelligen, sind aber trotzdem nicht einmal dazu in der Lage, den Ausstoß von giftigen Schadstoffen abzustellen.

Für eine Systemtheorie sind alle Phänomene miteinander verbunden und voneinander abhängig. Man hat ein integriertes Ganzes vor sich, wenn dessen Eigenschaften nicht mehr auf die seiner Teile reduziert werden können. Man könnte meinen, komplexe Sachverhalte dadurch verstehen zu können, wenn man sie auf ihre Grundbausteine reduziert und nach dem Mechanismus sucht, der diese Einzelteile zusammenwirken lässt. Diese Denkweise der Reduktion ist zwar in vielen Lösungsansätzen fest verankert, muss aber nicht zwangsläufig zum Erfolg führen. Jedes Personalproblem findet im eigenen spezifischen Umfeld statt und folgt eigenen Gesetzen und Regeln. Somit sind auch die ohnehin schon schwer zu entwirrenden dynamischen Wirkungsbeziehungen zwischen den Personalfaktoren von Fall zu Fall unterschiedlich: auch wenn dieses Geflecht der Wirkungsbeziehungen noch so undurchdringlich erscheinen mag, so können zur Ausschöpfung von Potentialen nicht alle Stellschrauben gleichzeitig angezogen werden.

Um auf dem Weg zum Erfolg möglichst Umwege oder gar Irrwege zu vermeiden, könnte sich die Mühe des genauen Hinterfragens durchaus lohnen: Wenn man sich in einem unbekannten, manchmal unsicheren Gelände bewegen muss, fährt man besten und sichersten mit einer systematischen Vorgehensweise. Für den Fall der dynamischen Wirkungsbeziehungen bedeutet dies, Faktor für Faktor dahingehend zu durchleuchten, in welcher Stärke er jeweils auf einen anderen Faktor, sei es positiv oder negativ, einwirken könnte. Falls bereits eine umfassende Vorauswahl der Personalfaktoren stattgefunden hat, dürften Negativwirkungen bereits im Vorfeld aussortiert worden sein, d.h. man könnte seine Überlegungen auf den positiven Wirkungsbereich der Stärken beschränken. Ein Ergebnis solcher Überlegungen könnte beispielsweise mit Hilfe von Übersichts-Diagrammen der Personalbilanzinstrumente systematisiert und zusätzlich verdeutlicht werden.

Ideen verbünden sich im Umfeld struktureller Einflussfaktoren mit Geld: wer sind die Gründer, die jungen Global Player, die unser aller Leben umkrempeln (wollen)? Knapp die Hälfte der Gründer sind Chancengründer, die sich selbständig machen, um eine Geschäftsidee umzusetzen. Ungefähr ein Drittel sind Notgründer, die zur Selbständigkeit keine bessere Erwerbsalternative hatten. Etwa jeder fünfte Gründer hatte andere finanzielle oder persönliche Motive. (Vgl. u.a. KfW-Gründungsmonitor).

Viele Gründer, die sich für Berlin als den Standort ihrer Zukunft entscheiden: ausgerechnet für einen Standort, an dem es vor nicht allzu vielen Jahren kaum noch Industrie gab. Nur Schulden und Menschen, „bei denen nie ganz klar war, ob sie gerade arbeitslos, in einer Schaffenskrise oder mit der Planung eines künftigen Projekts beschäftigt waren. Was florierte, war einzig der politische Betrieb, Lobbyisten, Anwälte, Verbandsleute, der minderproduktive Teil der Volkswirtschaft".

Bei ganzheitlicher (gesamtwirtschaftlicher) Betrachtung gibt es für Gründungstätigkeiten vor allem zwei Einflussfaktoren: die Konjunktur und die Arbeitsmarktentwicklung. Konjunktur: wirkt als „Pull-Faktor" auf das Gründungsgeschehen (eine gute Konjunktur „zieht" Erwerbstätige in die Selbständigkeit. Arbeitsmarkt: wirkt als „Push-Faktor" auf das Gründungsgeschehen (Erwerbsfähige bekommen durch negative Arbeitsmarktentwicklungen einen Anstoß zur Selbständigkeit). In Berlin treffen plötzlich elektrisierte Gründertypen auf Kapital, Ideen verbünden sich mit Geld (geliehen von Business Angels, Hasardeuren, amerikanischen Fonds und gewöhnlichen Investoren). Ausschlaggebend für das Gründungsgeschehen ist eine Kombination struktureller Entwicklungen, wie die Entstehung neuer Bedarfe, die Änderung von Qualifikationsstrukturen oder die Erwerbsbeteiligung von Frauen. Die Mehrheit der Gründer startet im Dienstleistungsbereich (Handel und produzierende Gewerbe halten sich in etwa die Waage), d.h.: wirtschaftliche Dienstleistungen, persönliche Dienstleistungen, Finanzdienstleistungen, Verkehr, Nachrichtenübermittlung. Zuletzt ist die Anzahl von Gründern in freiberuflichen Tätigkeiten angestiegen, während die Gründungstätigkeit in gewerblichenTätigkeitsfelder nachgelassen hat (Vgl. KfW Gründungsmonitor).

Digitalisierung verändert unsere Welt - Zeit ist keine Ressource, von der wir zu wenig haben, sondern von der wir uns zu wenig nehmen

Die durch Digitalisierung maximierten Möglichkeiten stellen die Gesellschaft vor neue Anforderungen. Denn vernetzte Lebensweisen sind nicht nur flexibel und grenzüberschreitend, sondern auch anspruchsvoll (anstrengend). Wenn wir immer online sind, so ermächtigt diese Konnektivität nicht nur, sie (über-) fordert auch. Vernetzung macht die Welt nicht nur schneller, sonder auch komplexer. Diese digitalisierte Welt kann man nur richtig verstehen, wenn man lernt, selbst komplexer (vernetzter) zu denken. Die Vernetzung muss man als sozialen Wandlungsprozess (der neue Verbindungen und Beziehungen schafft) begreifen, man braucht eine neue Perspektive, so etwas wie einen „synthetischen Blick" des ganzheitlichen Denkens. Mit zunehmender Vernetzung wächst aber gleichzeitig der Wunsch, das Hier und Jetzt wieder bewusster und intensiver zu erfahren. Der Gegentrend zur Multitasking-Gesellschaft sind daher Achtsamkeit und Entschleunigung. Eine humane Digitalisierung, die diesen Ansprüchen gerecht wird, reflektiert eine neue, ganzheitliche Perspektive auf die Welt (als fluktuierendes System): eine Sowohl-als-auch-Sicht, die nicht nur Quantitäten sondern auch Qualitäten mit einschließt.

Neben dem Vorhandensein von Wirkungsbeziehungen und deren jeweiliger Stärke spielt auch der Aspekt der Wirkungsdauer eine Rolle: in einer schnelllebigen Wirtschaftswelt kann auch das „Wann" und „Wie lange" entscheidenden Einfluss haben. Um beim Intellektuellen Kapital zu bleiben, kommt es nicht nur darauf an, auf welche anderen Faktoren und mit welcher Stärke dieser Personalfaktor zu wirken vermag. Müsste angenommen werden, dass eine Wirkung erst in zehn Jahren oder später zu erwarten wäre, so mag dies vielleicht theoretisch ja noch von einigem Interesse sein: das Interesse hinsichtlich des eigentlichen Personalproblems dürfte bei einem solchen Zeithorizont aber eher geringer ausfallen.

Da mit Personalfaktoren keine Sachen gekennzeichnet werden, sondern man es mit Menschen zu tun hat, deren Handeln und Wirken nicht genau berechenbar sein kann, dürften exakte (auf Woche oder Monat genaue) Zeitangaben zur Wirkungsdauer eines veränderten Faktors in der Praxis kaum machbar sein. Das heißt aber nicht, dass deshalb der Zeitfaktor ausgeklammert und unbeachtet bleiben sollte. Einmal grundsätzlich abhängig von dem zu betrachtenden Personalfaktor könnte deshalb durchaus der Versuch lohnen, sich zumindest gewisse Bandbreiten und Zeitkorridore zu überlegen.

Um hierbei möglichst systematisch vorzugehen, kann man sich des Computers und der bereits vorgefertigten Struktur einer Personalbilanz bedienen. Die zuvor für die Erfassung von Wirkungsstärken entwickelten Eingabemasken und Verknüpfungstabellen können nunmehr dafür verwendet werden, um in die gleichen Felder statt der Stärken die Zeitdauer einzutragen, nach der bei Veränderungen ein Eintreten der Wirkungen erwartet wird, d.h. Stufen der Wirkungsdauer: a = sofort, b = kurzfristig (max. 12 Monate), c = mittelfristig (max. 24

Monate), d = langfristig (mehr als 24 Monate). Ein erster Ansatzpunkt könnte darin bestehen, sich (möglichst per Computer) diejenigen Verknüpfungspaare heraussuchen zu lassen, die möglichst schnell einen möglichst großen Effekt versprechen könnten. D.h. es werden rein schematisch Paarungen nach Wirkungsstärke und Wirkungsdauer gebildet und dann die Personalfaktoren vorsortiert, die eine a>3-Kombination ausweisen können. Wenn also die Verknüpfungs-tabellen gut durchdacht wurden, so würden hierbei Faktoren ausgeworfen werden, die in der Lage sein könnten, eine größtmögliche Wirkungsstärke (+3) mit schnellstmöglicher Wirkungsdauer (=a) zu verbinden.

Falls also das Programm aufgrund der eingegebenen Verknüpfungstabelle eine Wirkungsbeziehung feststellt, so kann der sich hieraus mit einer entsprechenden Dicke ergebende Wirkungspfeil automatisch mit der Kennzeichnung für die hierzu später angenommene Wirkungsdauer belegt werden. Jedes der Verknüpfungs-Tabellenfelder, sei es nun eines der Wirkungsstärke oder eines der Wirkungsdauer, sollte mit einer ausführlichen Beschreibung unterlegt werden. Empfehlenswert dabei wäre jeweils eine Aufteilung in die drei Kapitel „Analyse", „Interpretieren" und „Begründen".

Die Muße kennt viele Gestaltungsformen: Muße ist das Losgelöstsein und Freisein von den Geschäften des Alltags. Unfähig, Muße zu ertragen, läuft man Gefahr, im Termindruck zu ersticken, zum Knecht einer ruhelosen, brutalen Agenda (die keine weißen Flecken mehr duldet) zu werden. Eine Muße des bloßen Daseins kann wirkliches Freisein bedeuten: Möglichkeiten schaffen, statt Erfolge lieber Feste zu feiern oder einfach nur nutzenfrei unter Mitmenschen zu weilen. Muße ist: einfach einmal (jedem Zeitdruck entsagend) seinen Gedanken und Gefühlen nachzugehen und freien Lauf zu lassen, das Geschehen um sich herum zu beobachten, über Gott und die Welt und nicht zuletzt über sich selbst zu reflektieren. Muße hat auch etwas von gelebter Kritik an der ruhelosen Geschäftigkeit der Arbeits- und Berufswelt. Muße kann als Zeit für das Zeitlose die Zeit einspielen, die es braucht, „dass im Gehirn die Gedanken so lange frei flottieren, bis sie sich zu etwas Vernünftigem bündeln". Aber auch solches Nichtstun kann (mitunter harte) Arbeit sein: sich quasi per Fastenzeit von Terminen, von Geschäften und kreisenden Gedanken freizumachen und zu lösen. Der Lohn: der Kopf wird frei. „Wer sich die Zeit zur erfüllten Langeweile, zur Muße nimmt, pflegt eine hohe Lebenskunst".

Der schnellste muss nicht der beste Weg sein – wer die Entfaltung seiner Potenziale brach liegen lässt gerät schnell ins Abseits von unerbittlichen Degradierungsprozeduren - Inaugenscheinnahme von Passivwirkungen im System der Personalbilanz

Bei immer kürzeren Innovationszyklen wird die Qualität der Ausbildung zum strategischen Erfolgsfaktor. D.h. die Wettbewerbsfähigkeit einer Gesellschaft hängt nicht zuletzt von der Fähigkeit der Menschen ab, wie schnell diese in der Lage sind, auf neue Entwicklungen zu reagieren. Generelles Ziel für das Bildungsmanagement ist die Sicherung einer qualifizierten Nachwuchssicherung, Verbesserung der Qualifikation zur kompetenten Aufgabenerfüllung und Erhöhung des Qualifikationspotentials. Vor der Jahrtausendwende sah manche Bildungsbiographie in etwa so oder ähnlich aus: mit 6 Jahren eingeschult, mit 10 Jahren Aufnahme in die Sexta eines Gymnasiums, mit 19 oder 20 Jahren (bei evtl. einer Ehrenrunde) Abitur, mit 22 Jahren Ableistung des Wehrdienstes und dann Beginn eines Studiums, nach etwa 12 Semestern, d.h. mit 28 Jahren Erwerb eines Diploms, nach weiteren 2 Jahren Aufbaustudium, Orientierung oder Studium Generale und schließlich mit 30 Jahren Einstieg in den Beruf. Aus der Sicht heutiger Bildungsökonomen wäre solches eher einem lange andauernden Horrorszenario zuzurechnen.

Das heutige Ideal wird hiervon abweichend eher so definiert: mit 5 Jahren eigeschult, nach nur acht Jahren auf dem Gymnasium, mit etwa 17 Jahren Zeugnis der Reife (obwohl weder volljährig noch unterschriftsberechtigt) als G8-Studierender auf die Universität und mit 23 Jahren Studienabschluss und Start der Karriere. V. Ladenthin (Universität Bonn: Historische und Systematische Erziehungswissenschaft) machte hierzu allerdings einige Anmerkungen in der FAZ, die so gar nicht in dieses auf den ersten Blick so schöne Bild passen wollen: so hätten nach seinen Erfahrungen G8-Studierende Verständnisprobleme mit etwas komplexeren Texten, Schwierigkeiten bei der Wiedergabe etwas komplexerer Gedankengänge, einen Mangel an authentischer Lebenserfahrung, durch ihr bisheriges Leben nur in Klassenzimmern und Kursen eine eingeschränkte Sicht der Dinge, einen Mangel an Urteilskraft, Schwierigkeiten, multikausale Prozesse aufzunehmen und ganzheitlich zu analysieren. Neben solchen Fähigkeiten fehle es im G8-Zyklus an Bereitschaft und Problemverständnis.

Altersabhängige Reifeprozesse lassen sich auf einem Bildungsweg wohl doch nicht negieren oder beliebig ausblenden. Der nachholbedürftige Erwerb notwendiger Fähigkeiten, Erfahrungen und Kompetenzen könnte somit auch längere Studienzeiten bedingen. Spätestens im harten Berufsalltag würde man von solchem Mangel an Eigenschaften und Fähigkeiten (dann umso schmerzhafter) eingeholt. Veränderte Inhalte von Qualifizierungsmaßnahmen stellen Personalverantwortliche ebenfalls vor veränderte Herausforderungen. Mehr denn je werden Anleitung und Hilfe zum Selbstlernen im Mittelpunkt stehen. Die neuen Arbeitswelten stellen den Menschen einen Wandel „von der Muss-Arbeit zur Lust-Arbeit" in Aussicht.

Bildungsmaßnahmen erfüllen nur dann voll ihren Zweck, wenn durch das Gelernte auch das Aufgabenspektrum im beruflichen Kontext besser gelöst werden kann, d.h. es geht darum, mit welcher Transferquote die Lernerfolge auch in die Praxis umgesetzt werden können.

Die Hochproduktivitätsökonomie befindet sich in permanenter Revolution. Als einst Organisationsstrukturen der Unternehmen immer komplexer wurden und eine Lenkung von oben, der Kommandobrücke, immer schwieriger wurde, steigerte man die Produktivität durch Einbau von zusätzlichen Managementebenen in der Mitte des Betriebs. Da der Boss von oben nicht mehr überblicken konnte, was unten auf dem „Floor" vor sich ging. Es entwickelte sich eine eigene Dienstklasse mit einer eigenen Wissenschaft, der Betriebswirtschaft.

Doch dann machte die permanente Revolution eine disruptive Kehrtwendung, die für das mittlere Management einschneidende Folgen hatte (und hat). Diese Managementebene wurde nun im Dienste der Hochproduktivität wieder eingespart. Die digitale Epoche hinterlässt auch dort ihre Spuren. Die Beschäftigten arbeiten verantwortlicher, nachhaltiger und effektiver. Sie müssen nicht mehr geführt werden. Sie führen sich selbst. Die Nebenwirkungen: Arbeit wird auch auf dem „Floor" noch intensiver und allumfassender. Der Druck wird unausweichlicher. „Die Erschöpfungszustände greifen die ganze Person an, die sich im Regime des Co-Managements dem Betrieb verschrieben hat (seine Seele verkauft hat?). Es entsteht ein neues Dienstleistungsproletariat. Es bleiben nur noch Jobs ohne Aufstiegsmöglichkeiten. Die Zahl derer nimmt zu, die starke Überzeugungen von ihrer Kompetenz haben, aber von dem Gefühl beherrscht sind, dass „sie aufgrund von Bedingungen, die sie selbst nicht kontrollieren konnten, unter ihren Möglichkeiten geblieben sind".(oder bleiben mussten). Aufgrund ihrer Degradierungserfahrungen Verbitterte, im Karriereaufstieg Übergangene und Gescheiterte. Das am Standort Deutschland immer wieder hochgelobte Scharnier zwischen oben und unten droht an Funktionsstärke zu verlieren.

Kein Personalfaktor wirkt im System einer Personalbilanz nur für sich allein auf andere Faktoren ein: vielmehr wird er selbst im Gegenzug von Rückkoppelungseffekten auch wieder von anderen Faktoren beeinflusst. Auch diese Wirkungseinflüsse verdienen es, dass man ihnen Beachtung schenkt und sie genauer untersucht. Die passiven Wirkungsstärken zeigen an, wie diesmal umgekehrt ein bestimmter Faktor von einem anderen beeinflusst wird. Wenn man die Einzelstärken aufaddiert, erhält man für jeden Faktor eine Passivsumme, die anzeigt, in welchem Ausmaß der betreffende Personalfaktor seinerseits vom Gesamtsystem aller übrigen Faktoren abhängt und passiv beeinflusst wird. Legt man beide Kurvenverläufe, d.h. den der Aktivsummen und den der Passivsummen übereinander, so lassen sich hieraus für den Potential-Check einige Rückschlüsse ziehen: beispielsweise, indem man auf Personalfaktoren schaut, bei denen die Differenz zwischen Aktiv- und Passivsumme besonders groß ist, d.h. ein Personalfaktor zwar sehr stark auf andere einwirkt, umgekehrt von diesen aber weniger beeinflusst wird.

Egotrip oder Servant Leadership und die Vorteile einer Personalbilanz als methodischer Ansatz

So manche Führungsposition ist (ungeachtet vorhandener Kompetenz) allein dadurch fehl besetzt, wenn der Stelleninhaber entweder opportunistisch oder gar narzisstisch veranlagt sein sollte. Narzissmus kann man aus Expertensicht als übertriebene Selbstbewunderung oder Selbstverliebheit definieren. „Bloße Wertschätzung reicht Narzissten nicht aus, sie wollen bewundert werden". Aus Unternehmenssicht wird es kritisch, sobald ein Narzisst mit Personalverantwortung gute Leute gezielt klein hält (z.B. aus Angst, nicht mehr selbst genug im Scheinwerferlicht zu stehen). Oder wenn die betreffende Person nicht mehr offen für Feedback von außen ist. Im positiven Fall kann Narzissmus aber auch gut sein, d.h. sich in einer in sich ruhenden Persönlichkeit ausdrückt. Oder selbst in leicht übersteigerter Form noch Gutes bewirken kann: weil er der betreffenden Person eine über durchschnittliche Erfolgsorientierung und dafür wiederum einen besonders langen Atem beschert.

Experten sprechen von narzisstischer Störung wenn zum überwiegenden Teil die nachfolgenden Kriterien gegeben sind: grandioses Gefühl der eigenen Wichtigkeit, übertriebene Erfolgsphantasien, Glaube an die persönliche Einzigartigkeit, ausbeuterisches Verhalten in zwischenmenschlichen Beziehungen, Neid, Arroganz oder Kränkungen werden als unerträglich empfunden. Solche Störungen werden meist nur im Nachhinein (meist im Fall des Scheiterns) erkannt. Wenn einem

Größenwahn nur noch das Misslingen Grenzen setzen konnte. „Wer erfahren hat, wie es ist, im Rampenblicht zu stehen und sich der angenehmen Seite des Bewundertwerdens gewahr wird, den treibt die Sehnsucht nach mehr". In diesem Suchtmechanismus fordert die Abhängigkeit ihren Tribut: sie lässt sich nur mit immer noch mehr Steigerungen von Leistung und Applaus ertragen.

Auf Dauer sind selbstverliebte Chefs der langfristigen Unternehmensleistung nicht zuträglich. Besser dagegen sind Führungspersonen, denen ein eher (dem Unternehmen und seinen Zielen) dienendes Selbstverständnis eigen ist. Die üblichen Filter der Personalauswahl werden diesem Umstand nicht immer gerecht: denn dienend steigt man (viel zu oft) oft der Karriereleiter langsamer nach oben, der Selbstverliebte ist oft schneller erfolgreich. Dass der Selbstverliebte sich oft besser als der Dienende durchsetzen kann, ist nicht nur ihm selbst und seinen Eitelkeiten geschuldet, sondern auch der Blindheit derer, die sich hiervon blenden lassen.

Auch wenn mit der Erstellung einer Personalbilanz großer Wert auf Zukunftsbezogenheit und Potentialorientierung (anders als mit Bilanzen der Unternehmen) gelegt wird, so wird bei ihrem methodischen Ansatz trotzdem nicht auf eine detaillierte Analyse des Ist-Zustandes mit einer genauen Beobachtung der Ausgangssituation verzichtet. Der methodische Ansatz der Personalbilanz zeichnet sich grundsätzlich durch folgende vorteilhaften Merkmale aus. *Übersichtlichkeit und Transparenz:*

sowohl die vorgenommenen Bewertungen als auch die bestimmten Personalfaktoren zugeordneten Indikatoren sind nach einem einheitlichen Muster strukturiert und einfach nachvollziehbar, d.h. somit auch überprüfbar. *Leicht verständliche Darstellung*: Beispiele, auf welche Weise auch komplizierte Sachverhalte leicht verständlich dargestellt werden, sind Smiley- oder Ampel-Darstellungen. *Einheitlicher Aufbau*: Personalbilanzen können aus unterschiedlichen Sichtweisen (z.B. Innen- oder Außenbetrachtung), von unterschiedlichen Personen oder Stellen, für unterschiedliche Bereiche, Zeiträume und Zeitpunkte aufgenommen und zusammengestellt werden: Aufbau und Struktur bleiben hiervon unabhängig immer gleich. *Durchgängig bruchfreie Systematik und Abstimmbarkeit:* einheitliche Abgrenzung und Zuordnung auf Faktoren-Cluster, einheitliche Bewertungsmethoden nach Quantität, Qualität und Systematik, eindeutige Zuordnung von Indikatoren auf Personalfaktoren, einheitliche Definition und Interpretation von Indikatoren, eindeutige Zuordnung von Maßnahmen auf Personalfaktoren, einheitliche Strukturierung von Maßnahmen, eindeutige Verknüpfung von Faktoren nach Wirkungsstärke und -dauer, alle Tatbestände im System einer Personalbilanz sind durchgängig abstimmfähig und zeitlich immer vergleichbar. *Zahlenorientierte Denkweise*: mit Hilfe von klar strukturierten Bewertungsansätzen und weitestmöglicher Einbeziehung von zahlenmäßig kontrollierbaren Indikatoren erfolgt eine möglichst weite Annäherung an in der Wirtschaftswelt gängige Denkweisen. *Vollständigkeit:* eine Personalbilanz ist bereits vom

Ansatz her auf eine ganzheitliche Betrachtungsweise hin angelegt.

Das Schwergewicht wird insbesondere auf die sogenannten „weichen" Personalfaktoren gelegt. Da bereits standardmäßig immer die fünf Cluster Prozessfaktoren, Erfolgsfaktoren, Humanfaktoren, Strukturfaktoren und Beziehungsfaktoren vorstrukturiert sind, kann die Personalauswahl nicht auf mehr oder weniger willkürlich herausgesuchte Einzelaspekte reduziert werden: somit können mit einer Personalbilanz sowohl vielseitige Informationsanforderungen aus unterschiedlichsten Richtungen als auch zahlreiche Planungs- und Entscheidungszwecke abgedeckt werden.

Viele personalwirtschaftliche Tatbestände entziehen sich einer quantitativen oder gar monetären Erfassung und erfordern die Berücksichtigung qualitativer Daten und Indikatoren

Einflussfaktoren für Humankapital sind beispielsweise: Aus- und Weiterbildung, Erfahrungen und Kompetenzen aufbauen, Mitarbeiter motivieren. Nichtwissen/ Nichtbeachtung in diesen Fragen/ Einflussfaktoren kann sich heutzutage kein Unternehmen mehr leisten. *Häufige Fragen an das Unternehmen:* welches Wissen und welche Kompetenzen sind relevant? Welches Verhalten und welche Einstellungen sind für erfolgreiches Arbeiten wichtig/ notwendig? Was müssen Mitarbeiter bei einer Neueinstellung mitbringen? Was müssen Mitarbeiter lernen? Wie werden geeignete Mitarbeiter gefunden, eingestellt, gehalten? Wie werden Mitarbeiter ausgebildet und weiter qualifiziert? Wie werden die Kompetenzen der Mitarbeiter gestärkt und systematisch weiterentwickelt? Wie wird die Mitarbeitermotivation und -zufriedenheit sichergestellt? Wie wird die Leistung der Mitarbeiter gefordert und gefördert? Problemstellungen sollten gruppiert und zu größeren Problemkategorien zusammengefasst werden.

Humankapital Unternehmerische Kompetenz: gute Führungskräfte müssen eine Reihe von Kernkompetenzen mitbringen. Diese beginnen mit der Fähigkeit zur erfolgreichen Mitarbeiterauswahl. Früher legte man großen Wert auf Fachkompetenz. Heute sind eher Flexibilität, Lernfähigkeit und eine hohe Einsatzbereitschaft oft wichtiger als das reine Fachwissen. Gute

Führungskräfte müssen das Potential ihrer Mitarbeiter schon im Auswahlprozess erkennen. Eine weitere wichtige Kompetenz der guten Führungskraft ist der gelungene Aufbau von Erwartungen. D.h. den Mitarbeitern kann gezeigt werden, welche Ziele das Unternehmen hat, welche Visionen und Strategien verfolgt werden (Führungskräfte müssen dazu in der Lage sein, mit ihren Mitarbeitern intensiv zu kommunizieren).

Motivationsstärke: Eine weitere Kernkompetenz für Führungskräfte besteht in ihrer Motivationsfähigkeit, d.h. Mitarbeiter auch individuell motivieren zu können. Effektiver als die bisher noch im Vordergrund stehenden finanziellen Anreize ist es, den Mitarbeitern Aufgaben zu übertragen, die im Einklang mit dem stehen, was ihnen wichtig ist. Eng hiermit zusammenhängt die Kompetenz zur Mitarbeiterentwicklung. Aber nicht die klassische Personalentwicklung mit Workshops oder Seminaren, sondern anspruchsvolle Aufgaben, die Mitarbeiter herausfordern und sie mit Aufgaben betrauen, an denen sie wachsen können. Unternehmerische Kompetenz bedeutet auch eine umfassende Sicht der Dinge, die Fähigkeit, den Wald und die Bäume zu sehen. Die Führungskraft muss ein scharfes Gespür für Trends haben: insbesondere dann wenn eine bevorstehende Umwälzung die gesamte bisherige Strategie in Frage zu stellen droht.

Humankapital Ausbildung, Fachqualifikation: wenn Qualifizierungsmaßnahmen durch die betrieblichen Abläufe und Erfordernisse gestaltet werden und im Rahmen dieses Prozesses Training, Personal- und Organisationsentwicklung immer stärker verschmelzen, sollte ein Unternehmen auf integrierte Bildungs- und Entwicklungskonzepte setzen, um eine ganzheitliche Qualifizierung einzelner Mitarbeitergruppen oder ganzer Bereiche zu erzielen. Gleichwohl wird der einzelne Mitarbeiter stärker als bisher gefordert sein. Nicht nur deswegen, weil eine kontinuierliche Weiterbildung aus eigenem Antrieb vorausgesetzt werden muss und der Mitarbeiter in Zukunft von sich aus mehr Freizeit für die eigene Qualifizierung investieren muss. Qualifikationsmaßnahmen müssen, was immer sie auch sonst den Mitarbeitern bieten mögen, den Fähigkeiten verpflichtet sein, die ein Unternehmen für erfolgreiches Agieren benötigt. Eine Qualifikationsbedarfsanalyse ist deshalb keine einmalige Angelegenheit, die nur einmal durchgeführt wird und dann damit erledigt ist. Wenn sich durch einen verändernden Markt neue Chancen zur Gewinnung von Kunden auftun, verändern sich damit gleichzeitig auch die Anforderungen an die Mitarbeiter und ebenso das, was Mitarbeiter lernen müssen und wie sie was tun müssen, damit das Unternehmen die erforderlichen Fähigkeiten erlangt.

Humankapital Mitarbeiterzufriedenheit, -motivation: engagierte Mitarbeiter haben Interesse und Lust an der Sache, sie konzentrieren sich weniger auf Positionen und Karrieren. Sie bleiben auch am Ball, wenn es der Firma einmal weniger gut geht oder die Arbeitstage einmal länger werden. Jeder hat andere Ansichten darüber, was ihm in seiner Arbeitsumwelt wichtig ist. Nachfolgend werden deshalb eine Reihe von an die Mitarbeiter zu stellenden Fragen aufgelistet, von denen anzunehmen ist, dass sie vielleicht für die Arbeit von Bedeutung sind. Wie wichtig sind für Sie als Mitarbeiter: gesicherter Arbeitsplatz, Beschäftigungsgarantie u.a.? Wie wichtig ist für Sie die Möglichkeit in einem Gebiet zu wohnen, das von Ihnen und Ihrer Familie bevorzugt wird? Wie wichtig ist für Sie die Freiheit, Ihre eigenen Ansichten und Einstellungen in die Arbeit einbringen zu können? Wie wichtig sind für Sie Fortbildungsmöglichkeiten, um Ihre Fähigkeiten zu verbessern oder neue Kenntnisse zu erwerben? Wie wichtig ist für Sie eine Tätigkeit auszuüben, die es ermöglicht, einen echten Beitrag zum Erfolg des Unternehmens zu leisten? Wie wichtig sind für Sie gute Arbeitsbedingungen: gute Lüftung und Beleuchtung, angemessener Arbeitsraum, keine Lärmbelästigung u.a.? Wie wichtig ist es für Sie die Anerkennung zu erhalten, die Sie verdienen, wenn Sie gute Arbeit geleistet haben? Wie wichtig ist für Sie ein gutes Verhältnis zu Ihrem direkten Vorgesetzten? Wie wichtig ist es für Sie eine Tätigkeit zu haben, bei der Sie Ihre Kenntnisse und Fähigkeiten einsetzen können? Wie wichtig ist es für Sie ein Gehalt zu beziehen, das Ihrer Verantwortung entspricht?

Humankapital Wissensmanagement: Wissensmanagement erfordert zunächst auf der Führungsebene die Bewertung von im Unternehmen zirkulierenden Informationen. In der konkreten Umsetzung muss dieser Prozess von der IT durch das Sammeln, Speichern und Verteilen des Knowhow unterstützt werden. Ohne regelnde Strukturen wie beispielsweise Filterfunktionen oder Suchmaschinen ist die große Menge an Informationen in der Praxis kaum zu bewältigen. 80 % Business-Wissen steckt in Informationssystemen: insbesondere Führungsebenen können bei ihrer Entscheidungsfindung von Wissensdatenbanken profitieren. Das Wissen über Planung, Steuerung, Durchführung und Kontrolle von Geschäftsprozessen ist in der Software gespeichert. Außerhalb der Software ist dieses Wissen nur bruchstückhaft dokumentiert oder nur in Köpfen von wenigen Mitarbeitern eingeschränkt verfügbar. Im Rahmen von Funktionen des Wissensmanagement ist der *Knowledge Enabler* für die nötigen Werkzeuge und Methoden zuständig, um das für die Durchführung von Prozessen notwendige Wissen abrufen zu können, daraus eigenes Wissen abzuleiten und dieses Wissen über die gemeinschaftliche Wissensbasis wiederum anderen bereitzustellen. Der *Knowledge Processor* wiederum ist die Nahstelle zwischen technischer Wissensbasis während der Knowledge Enabler Informationen und Regeln so umsetzen muss, dass sie als Wissen im System vorgehalten werden können. Der *Knowledge Creator* recherchiert im Markt nach zusätzlichen relevanten Informationen, die dann in die Wissensbasis eingeflochten werden, der *Knowledge Engineer* sammelt das vorhandene Informations- und Wissenspotenzial und erzeugt strukturiertes Wissen, indem er für einzelne Prozesse verbindliche Regeln aufstellt.

Rezessions- oder Boom-Manager allein in der Endlosschleife: je höher, je unfreier - die Welt ist so komplex geworden: da schafft es keine Führungskraft, noch überall Experte zu sein

Forscher haben herausgefunden, dass der Managementstil von Führungskräften stark von der wirtschaftlichen Lage abhängt, in welchem jemand seine erste Stelle angetreten hat. Denn auch Manager werden stark durch ihre Lebenserfahrung geformt und die wichtigsten Erfahrungen machen sie in ihren ersten Berufsjahren. Und in dieser ersten intensiven Zeit ist es vor allem die wirtschaftliche Lage, die großen Einfluss auf den später praktizierten Managementstil samt auf die damit einhergehende Karriere hat. *Managementstil A*: wenn eine Führungskraft das Geld zusammenhält, die Kosten niedrig hält und nicht viel von Steuertricksereien hält. *Managementstil B*: wenn jemand mehr ein Draufgänger ist, eher mit großen Hebel operiert, viel investiert (auch in Forschung und Entwicklung) und wo immer möglich, mit Steuern trickst.

Nun haben Forschungen ergeben: diejenigen, die ihre erste Stelle während einer Rezession angetreten haben, „zählen später zu den eher konservativen Führungskräften, sorgen für möglichst geringe Verwaltungsausgaben, nutzen weniger intensiv die Schlupflöcher der Steuergesetzgebung und operieren mit weniger Kredit, also einem geringeren Hebel". Diejenigen, die zu Zeiten ihrer ersten Berufsjahre nur gute Zeiten erlebt haben, in denen viel eingestellt, viel riskiert wurde, vergessen dies auch später nie, werden dadurch geprägt und ahmen es dann selbst nach. Obwohl also wohl jede Führungskraft im Rahmen einer Karriere mehrere Aufs und Abs durchlebt haben dürfte, unterliegt sie einem starken Einfluss einer langen „Pfadabhängigkeit": der Anfang eines Berufslebens ist offenbar prägender als alles, was dann später noch folgen mag. Eine Erkenntnis die nicht nur auf wirtschaftlicher, sondern ebenso auf politischer Ebene Gültigkeit hat: wer in schlechten Zeiten jung war, mag eher Umverteilung und glaubt, dass Reichtum Zufall ist, „er ist skeptisch, ob staatliche Institutionen funktionieren und vertraut ihnen weniger.

Je mehr über einem Unternehmen statt Schönwetter- dann einmal Gewitterwolken (Umsatzrückgang, Gewinneinbruch, Kundenverluste, aggressive Konkurrenz, Konjunkturrückgang, politische Umfeldverschlechterung u.a.) aufziehen, desto heftiger pfeift der Wind an der Bergspitze (sprich Managementebene) – und die Sehnsucht nach dem Basiscamp steigt. Der Führungskraft in dieser oder ähnlicher Situation ist äußerlich selten etwas anzumerken: sein Gang ist aufrecht, seine Stimme fest, sein Ehrgeiz ungebrochen, sein scharfer Verstand arbeitet, Verhandlungen werden wie immer knallhart geführt. Innerlich dagegen sieht es oft anders aus: Schlaflosigkeit, Unfähigkeit abzuschalten und zu regenerieren. Das Gefühl, unentrinnbar in einer Endlosschleife gefangen zu sein.

Die Illusion zu glauben, dass man freier werde, je höher man aufsteigt, ist trügerisch. Vielmehr steigt die Gefahr, zum Getriebenen zu werden. Auch im routinemäßigen Geschäftsalltag gibt es Einsamkeit: besonders wenn es um harte personelle Entscheidungen geht, die auch an dem Entscheider nicht immer spurlos vorübergehen und er sich viele Gedanken macht. Irgendwann einmal ist auch ein Einkommensniveau erreicht (bei dem einen früher, bei dem anderen später), ab dem es nicht mehr sinnvoll ist, noch mehr Geld zu verdienen und dafür mehr Stress in Kauf nehmen zu müssen. Dann die Geschäftsreisen, die einst so erstrebenswert schienen: häufig allein in einem Hotelzimmer zu sein, ist nicht angenehm (abends an der Bar nur einsame Manager zu sehen ebenso nicht).

Die Welt ist so komplex geworden: da schafft es keine Führungskraft, noch überall Experte zu sein. Auf externen Rat angewiesen zu sein bringt das Gefühl, abhängig (oder gar schwach) zu sein. Zwar schleppen Führungskräfte immer irgendwelche Themen mit sich herum und suchen jemanden, mit dem sie sich vertrauensvoll und unbefangen austauschen können, finden diesen Jemand manchmal aber nur selten. Zudem zählen Führungskräfte zu den sogenannten Alpha-Tieren und verabscheuen Schwächen nicht nur bei anderen sondern auch bei sich selbst. Führungskräfte zählen zur Riege der Entscheider (Sachverhalte, die Excel nicht für einen ausrechnen kann), müssen also immer viele Möglichkeiten abwägen und in Betracht ziehen (sonst wären es ja keine Entscheidungen). Und immer geht es auch um ein gehöriges Maß von Risikomanagement. Im Nachhinein beschleicht den Entscheider dann leicht ein Gefühl der Unsicherheit, das man dies oder jenes eventuell hätte besser machen können. Einsame Entscheidungen machen eben auch die Person dahinter einsam: wobei Einsamkeit und Alleinsein unterschiedliche Dinge sind. Häufig dabei: eine Mischung aus Gefühlen, oft auch Angst und Niedergeschlagenheit. Wichtig ist, sein Haus nicht nur auf einer einzigen Säule zu bauen, die allein aus Leistung und deren Anerkennung von anderen besteht. „Sollten nämlich einmal Misserfolg oder großer Druck auf diese Konstruktion kommen, gerät leicht das ganze Gebäude ins Wanken".

Home Office – Fluch oder Segen? Manche (viele) wünschen sich ein Home Office, um dem Büroalltag zu entfliehen, lange Pendlerwege und -zeiten (mit immer mehr Staus) zu vermeiden. Untersuchungen zeigen, dass mehr Männer als Frauen diese Form der Arbeit wählen: weil Mütter eher den persönlichen Austausch mit Kollegen im Büro suchen, während berufstätige Väter ihre Kinder manchmal auch öfter tagsüber sehen möchten. Und mehr Männer arbeiten auch deshalb zuhause, weil sie öfter zur Gruppe der Selbständigen, Rechtsanwälten usw. zählen. Also Berufe ausüben, die es ihnen ermöglichen, zumindest einen Teil ihrer Arbeiten im heimischen Arbeitszimmer zu erledigen. Untersuchungen stützen aber den Verdacht, dass ein Home Office nicht mehr Entspannung, sondern durchaus auch mehr Stress bedeuten kann. Danach arbeiten Heimarbeiter im Durchschnitt etwa 2,5 Stunden je Woche mehr als ihre Kollegen im Büro. „Diejenigen, die nicht nur ab und zu, sondern ständig zu Hause arbeiten, schenken ihrem Unternehmen im Schnitt sogar volle 6 Stunden je Woche". Heimarbeiter machen zudem fast doppelt so viele Überstunden wie andere Beschäftigte. Viele arbeiten auch nicht gerade freiwillig in ihren eigenen vier Wänden: sie müssen Arbeit mit nach Hause nehmen, weil sie diese innerhalb ihrer regulären Arbeitszeit nicht geschafft haben. Viele Faktoren spielen eine Rolle, ob das Home Office Fluch oder Segen ist. U.a. spielt eine Rolle, wie viel an Wohnraum zur Verfügung steht. Auch sollte beim Traum von der Heimarbeit nicht die negative Seite der Isolation unterschätzt werden.

Durchökonomisierung der Lebensbereiche mit Geschmeidigkeit und Mainstream-Denken

Von Nostalgie spricht man, wenn in der Erinnerung alles (vieles) schöner und besser war, d.h. vergangene Zeiten idealisiert und verklärt reflektiert werden, das sogenannte „Golden Age". Nostalgie muss aber nicht heißen, dass man sich (noch) ein Leben ohne Apple-Uhr vorstellen kann. D.h. ohne eine Uhr: die Schritte zählt, Termine organisiert, Nachrichten verschickt, Wege findet, Grüße per Druck aufs Handgelenk sendet, den Herzschlag ihres Träger aufzeichnet und, und, und Nostalgie muss auch nicht heißen, dass man sich (noch) ein Leben mit Bargeld vorstellen kann. D.h. ohne mobiles und kontaktloses Bezahlen. Dinge der digitalen Revolution schleichen sich immer nach dem gleichen Muster in das tägliche Leben: es beginnt mit einigen Technik-Freaks, wird dann zum Statussymbol für wohlhabende Fortschrittsfreunde und macht dann selbst Kinder süchtig. Niemand möchte in den Verdacht geraten, mit dem rapiden „Fortschritt" nicht im reinen zu sein.

Das Internet der Dinge verspricht wahre Wunderding wie u.a. schlaue Häuser, selbstfahrende Autos, den Schlaf steuernde T-Shirts, Puls messende Pflaster, selbst nachbestellende Kühlschränke oder Autos aus dem 3D-Drucker. „Es gibt keinen anderen Fortschritt als den, den es gibt: die Gegenwart war schon alternativlos, als sie noch Zukunft war." So waren die 60er Jahre eine Ära schöpferischer Zerstörung angeblicher kapitalistischer Systemzwänge. Die Diktatur der Ökonomie über die Menschen wurde vor dem Hintergrund stetigen Wachstums für endgültig besiegt erklärt. Aus heutiger Sicht scheint es, dass dies nur eine Zwischen- und Übergangsphase war, denn: Erwerbsarbeit dringt mittlerweile tiefer denn je in das Alltagsleben ein, Aufbau von Humankapital ist zu einem zentralen Thema geworden, Karriereplanung beginnt bereits im Kindergarten, das Individuum verwirklicht sich in seiner höchsten Form als Ich-AG, Konsum wird grenzenlos, die Durchökonomisierung aller Lebensbereiche schreitet fort.

Jeder Student der Betriebswirtschaft hat einmal gelernt: Fallen die Preise (aufgrund des Wettbewerbs) bei ständig steigender Produktion, erreichen sie irgendwann einmal den Punkt, ab dem sie keine Gewinne mehr einbringen und die Grenzkosten für jede zusätzlich produzierte Einheit gegen Null tendieren. In Ansätzen beispielsweise bereits zu besichtigen an der Entwicklung von Print- zu Online-Publikationen. Krisen sind zum fast schon gewohnten Begleiter geworden: die Welt als globale Maschine zur Verwertung von Kapital vor dem Hintergrund entfesselter Geld- und Schuldenproduktion. Man kommt kaum noch hinterher, wie ein sich immer schneller aufschaukelnder Wandel Wirklichkeit wird: während man sich noch wundert, steht bereits die nächste technische Neuerung (oder gar Revolution) ins Haus.

Kaum jemand blickt noch durch, wie alle diese neuen Apparate die Welt verändern und was sie mit ihren Benutzern machen: mit jenen, „die unaufhörlich analysiert und optimiert werden, und auch mit jenen, die glauben, sich den Veränderungen durch Nichtbenutzung entziehen zu können." Auf dem Weg zur globalen Digitalkommune könnte es aber durchaus sein, dass Menschen sich hierbei ihre Daten nicht mehr auf Dauer wegnehmen und für kommerzielle Zwecke benutzen lassen. Die Welt wird sich auch kaum dadurch retten (verbessern) lassen, indem eine Informatikerkolonie laufend neue Apps gegen Alltagsprobleme programmiert. Es scheint ein Punkt erreicht, an dem verschiedenste Thesen aufeinanderprallen: beispielsweise erdachte Szenarien von übermorgen, die man erst nach Jahrzehnten widerlegen könnte, d.h. erst dann, wenn es zu spät ist, an den Entwicklungen noch etwas zu ändern. Vor solchem Hintergrund wären manche Nostalgie und Rückbesinnung eher von Vorteil.

Das Unperfekte und selbständiges Denken – bequem in der sicheren Masse: wie man wohnt, ist nicht nur eine Form von Lebensstil, sondern könnte auch Art von Denken abbilden. In Perfektion erstarrt: nach einem „Es-muss-alles-zueinander-passen-Konzept" durchkomponierte Wohnlandlandschaften. Vom Leben gezeichnet: eine gute Einrichtung ist nicht unpersönlich, denn behaglicher wohnen die Unperfekten. Es sind meist Unkonventionelle, die Brüche lieben. Nicht, um einem gerade angesagten Trend zu folgen, sondern weil es ihre Vielseitigkeit abbildet. In Wohnungen von Must-have-Kreisen bleibt nichts dem Zufall überlassen: Möbel haben schlicht, funktional und elegant zu sein. Nur ausgewählte Materialien kommen ins Haus, weniger bedeutet mehr. Passend hierzu cool-konfektionierte und auf Hochglanz polierte Küchen. Mit dem sterilen Charme, dass darin nur selten (nie) gekocht werden dürfte. Bücher: wenn überhaupt, höchstens als repräsentative Bildbände im Hochglanzdruck. Aber alltagstaugliche Sachbücher, Romane, Krimis? Weit und breit keine Spur hiervon: wahrscheinlich alle auf E-Readern gespeichert?

Auf perfekte Weise würde dies einer ziemlich gleichförmig erscheinenden Managerelite entsprechen. Gradlinigkeit oder heiße Eisen anpacken stehen auf der Rangskala der begehrtesten Managerqualifikation nicht an oberster Stelle. Dort zählen wie in der Politik ganz andere Maßstäbe: Geschmeidigkeit, äußerlich wie innerlich. Unangenehme Wahrheiten werden nicht (oder nur so, dass sie niemand versteht) ausgesprochen. Empörung tritt nur in Grenzen und wenn überhaupt, dann nur gefiltert und zeitverzögert ein. Günstiger ist es allemal, keine Entscheidung zu fällen als eine fatale. Wen sollte es daher wundern, wenn bereits viele Jugendliche möglichst konform sein wollen: es ist bequem und tut nicht weh. Man hat Angst, zu versagen, Angst aufzufallen, anzuecken, anders zu sein. Will man sich in der sicheren Masse bewegen, darf Selbständigkeit nicht den Rahmen sprengen. „Die Masse lebt geradezu davon, dass niemand von der Norm abweicht, niemand widerspricht, niemand einen anderen übertrifft. Sie hält alle klein. Das macht sie so angenehm."

Mainstream-Denken ist durchaus nicht neu. Da mögen sich die heute Älteren noch so stolz an ihre rebellische Jugendzeit erinnern. Denn: alle rebellierten damals, also rebellierte man eben auch in der Masse schwimmend mit. Und jetzt tut man es eben nicht mehr: also tut man es also auch nicht mehr. Für

Manager und Schüler scheint gleichermaßen zu gelten: Erwartungen sind etwas, dem man zu folgen und die man (ohne wenn und aber) zu erfüllen hat. Wie schon bei der Einrichtung seiner Wohnung hat man allen Vorstellungen möglichst perfekt zu entsprechen.

Im Zeitalter der Beschleunigung eine Wette auf die Zukunft - im valley der Weltverbesserer ist Tempo alles, langsam gibt es im disruptiven Leben nicht

Die Digitalisierung erzwingt einen Wandel, das Internet wirbelt ganze Geschäftsmodelle durcheinander und verhilft neuen Pionieren zum Durchbruch. Eine neue Generation von Gründern geht andere Wege als ihre Vorgänger aus der Ära der Maschinenbauer, Ingenieure oder Ladenbesitzer. Früher stand am Anfang von Unternehmen meist eine Erfindung, ein mühsam entwickeltes Produkt. In der Old Economy vergrub sich ein werdender Unternehmer mit einem Traum oder einer Idee in einer Werkstatt oder in einem Labor, bis er nach langen Zeiten des Experimentierens dann endlich mit einem Produkt an die Öffentlichkeit trat. Um daraus ein Geschäft zu entwickeln begann dann die Suche nach einem Geldgeber. Heute dagegen starten manche Gründer quasi in Serie einen Online-Marktplatz nach dem anderen. Scheitert ein Projekt, wird schon das nächste hervorgezaubert, der Vorrat an Ideen scheint groß. Während vor der Digitalwirtschaft der Gang ins Ausland ein großes, manchmal kaum noch kalkulierbares Risiko war, ist eine Auslandsniederlassung heute im Internet im Handumdrehen eröffnet (ein Klick schaltet die Plattform heute frei und kann sie morgen bereits wieder schließen). Tempo ist alles, langsam gibt es im Internet nicht.

Manche Ideen gehen auf, andere eben nicht. Startups solcher Art sind also immer auch Wetten auf die Zukunft. Das anfangs benötigte Kapital lässt sich heute leichter besorgen, da es viele

Investoren zu geben scheint, die geradezu gierig nach neuen Ideen sind, um sich aus diesem Strauß wie Perlentaucher das nach ihrer Meinung beste Geschäftsmodell heraussuchen zu können. Da eine dynamische Volkswirtschaft weiß, was sie an ihren Gründern hat, stehen begleitend zahlreiche Förderprogramme zur Verfügung. Ist ein Startup größer als ein Einpersonen-Unternehmen braucht es eine auf Kreativität ausgerichtete Unternehmenskultur. Ideen müssen nicht nur geboren, sie müssen auch mit ebenso großem Einsatz (und Begeisterung) zielführend umgesetzt werden. Solange ein Startup nicht in der Lage ist, sich um Ideen zu kümmern, wird er auch nicht in der Lage sein, sie erfolgreich zu machen. Ideen mögen gut oder sogar großartig sein. Trotzdem müssen sie manches gefährliche Gewässer durchkreuzen: die meisten Ideen werden von Gleichgültigkeit und durch fehlende Aufmerksamkeit bei der Anreicherung und Umsetzung gekillt. Solange neue Ideen nicht als Chance gesehen werden, wird man sie auch nicht tragfähig machen können. Eine Idee zu töten ist einfach. Eine Idee kann durch ein Schulterzucken sterben, durch ein Gähnen, ein Lachen oder sogar durch absolute Ruhe. Es gibt zahlreiche und meisterhafte Praktiken der unternehmerischen Ideen-Tötung.

Berufs- und Lebensplanung mit Generationsunterschieden: unter Themenkomplexen wie beispielsweise Zeitwohlstand, Zeitnotstand oder Zeitsouveränität machen sich kluge Köpfe darüber Gedanken, ob wir nicht längst zu Sklaven unseres eigenen Fortschrittstrebens geworden sind. U.a. wird befürchtet (definitiv festgestellt), dass neue Möglichkeiten der Zeiteinsparung nur noch mehr Zeitnot produzieren würden. Wenn es denn ein Genuss ist, sich vom neuen Lebenstempo davontragen zu lassen, kommt kaum jemand umhin sich zu disziplinieren, um auch einmal ein paar Stunden in Muße zu verbringen. Ob man die Beschleunigung der digitalen Welt nun als Genuss oder doch eher als atemlosen Stress empfindet hängt wohl nicht zuletzt davon ab, an welcher Markierung des Zeitstrahls man geboren ist. Wer seinerzeit noch auf klappriger Schreibmaschine tippte oder in Bibliotheken endlos nach Büchern stöberte wird das beschleunigte Lebenstempo vielleicht anders empfinden als jene, die mit ihrem Smartphone quasi verschmolzen sind.

So wie es früher beschaulicher zuging, wurden durch den Zeitverbrauch auch viele Alternativen zunichte gemacht (der Druck der Alternativen war geringer). Vieles war einfacher: der Rahmen für Entscheidungen blieb für längere Zeiträume konstant. Da sich die Welt nicht so rasend schnell zu verändern schien, blieb die Unsicherheit in Fragen der Berufs- und Lebensplanung vergleichsweise überschaubar. Die aber im Zeitalter der Beschleunigung aufwachsen, kennen nichts anderes. Beschleunigung wird mit großer Selbstverständlichkeit ge(durch)lebt. Dass Konsequenzen in Zeiten des rapiden Wandels weniger vorhersehbar sind, stört dabei nur wenig. Alles virtuell und in Echtzeit, darauf kommt es an. Ein Nachlassen des Tempos würde wohl eher als langweilig empfunden.

Disruptive Ideen und Technologien verdrängen die bestehenden, schaffen neue Märkte und bringen etablierte Anbieter ins

Straucheln. Seit Jahrzehnten ist das kalifornische Silicon Valley, die gesamte Region zwischen San Francisco und San José ein Hub überquellender Energie, ein Mekka für alle, die an der digitalen Zukunft basteln. Alles dreht sich um Startups: ein perfekter Ort, um ein Gefühl für einen längst vergangen geglaubten Goldrausch zu bekommen. Da suchen Jugendliche noch weit unter der 20-Jahres-Grenze vor Selbstbewusstsein strotzend nach dem besten Weg, um aus ihren Algorithmen ein Millionen-Dollar-Geschäft zu machen. Im digitalen Morgenland des Valley geht es jedem um das große Ganze: man lässt seine Träume fliegen. Investoren auf ihrer Suche nach Anlagemöglichkeiten befeuern die Suche nach dem next big thing: nach einer Idee, die das nächste Apple, Facebook, Google, Whatsapp, Instagram oder Uber werden könnte. Im Valley herrscht bei der Suche nach den Helden von morgen unbegrenzte Euphorie. Zumindest wenn das Geschäftsmodell skalierbar ist, d.h. eine einzige große Idee reicht, um einen Millionenmarkt (möglichst ohne weitere Kosten) aufzuschließen. Jedermann hat Angst, den nächsten großen Coup zu verpassen. Alles wird darauf gesetzt, mit der Innovationsgeschwindigkeit mitzuhalten. In diesem Goldrausch endet die Arbeit nie.

„Weiche" Faktoren und ihre Managementzukunft mit Human Branding für High Potentials – Selbstvermarktung der Karriere für den Lohn eines Arbeitslebens

Nach der Kernfrage Nr. 1 *„Was kann ich?"* werden unter dem Gesichtspunkt der Marktorientierung zusätzlich die Kernfragen Nr. 2 und Nr. 3 in den Mittelpunkt gerückt: *Wer bin ich?* und *Was will ich?* Eine Antwort auf diese Fragen gestaltet sich manchmal schwierig. Anhaltspunkte hierfür können beispielsweise auch Referenzen liefern, sofern sie nicht nur aus reiner Gefälligkeit bescheinigt wurden. Zweites Informationsmittel in diesem Fragenkomplex wäre dann der Lebenslauf. Hintergrund der beiden Fragen ist jedenfalls die Gewissheit, dass eine Person mehr ausmacht als Noten in Ausbildungszeugnissen und standardmäßig aufpolierte Formulierungen in Arbeitszeugnissen. Hier kommen die manchmal milde belächelten sogenannten „weichen" Faktoren ins Spiel. So besteht in der Wirtschaftspraxis weitgehend Einigkeit darüber, dass die Managementfragen bezüglich der klassischen Produktionsfaktoren weitgehend ausgereizt sind. Anders beim Intellektuellen Kapital, d.h. den „weichen" selten oder überhaupt nicht gemessenen Faktoren: hier liegt die Managementzukunft noch vor uns.

Diese Annahmen dürften ebenso auf Verfahren zutreffen, die in einem Zusammenhang mit Bewerbungen und Stellenbesetzungen stehen. Es würde nur wenig Sinn machen, mit einer Bewerbung den Markt zu betreten, ohne eine möglichst genaue und begründete Vorstellung darüber zu haben, für welches

Leistungs-(Produkt-)angebot man selbst steht und welche Anforderungen Unternehmen auf der Nachfrageseite des Marktes an Leistungsträger (Produktanbieter) stellen. Um ein Bild des Sportes zu verwenden: Was würden man von einem Sportler halten müssen, der zu Beginn eines Wettkampfes (irgendwie ist dies ja auch eine Bewerbung) nicht einmal die Disziplin (Laufen, Springen, Speerwerfen etc.) kennt, in der er zu diesem Wettkampf antreten will? Was würde uns ein Sportler sagen, wenn wir ihm vor Beginn einer Laufdisziplin nicht mitteilen würden, ob es um einen 100m- oder vielleicht um einen 5.000m-Lauf geht?

Selbstvermarktung der Karriere: die Grenzen zwischen Authentizität und Rollenspiel sind fließend. Ist der Markt für begehrte Stellen im Gleichgewicht? Überall hört man vom Fachkräftemangel. Dieser sei so groß, dass man den Bedarf nicht aus dem inländischen Angebot decken könne, sondern gezwungen sei, sich qualifizierte Mitarbeiter im Ausland zu suchen. Haben wir bereits einen Bewerbermarkt, auf dem die Konditionen von der Bewerberseite diktiert werden können? Sind Bewerbungen damit quasi zum Selbstläufer geworden? Von Ausnahmen (vielleicht im Fußballsport?) abgesehen, sind erhebliche Zweifel angebracht. Die Latte für begehrte Stellen liegt nach wie vor hoch. Der Wettbewerb ist nach wie vor unheimlich hart. Die Anforderungsprofile werden von immer mehr Menschen gleichzeitig erfüllt. Eine gute Ausbildung und Qualifikation sind alleine nicht mehr ausreichend.

Was folgt daraus? Soll eine Bewerbung Erfolg haben, muss man sich etwas einfallen lassen. Denn zu viele wollen das Gleiche. Also her mit den vielgerühmten Alleinstellungsmerkmalen. Doch welche könnten dies sein? Während man früher mit Fremdsprachenkenntnissen und Auslandserfahrung noch sehr schnell den Olymp der absoluten Elite erklimmen konnte, zählen solche Merkmale heute immer öfter zur normalen Ausstattung vieler Bewerber. Professionell erstellte Bewerbungsunterlagen? Sie gelten mittlerweile als selbstverständlich und fallen nicht mehr aus dem Rahmen des allgemein Üblichen. Es geht darum, die eigene Marke, das wofür man brennt und was von anderen unterscheidet, sichtbar zu machen. Personalberater sprechen von einem Konzept des „Human Branding". Karriere scheitert häufig an mangelnder Selbsteinschätzung und Kritikfähigkeit. Manchen High Potentials steht ihre eigene (falsche) Selbsteinschätzung im Weg.

Insbesondere im Bereich hochqualifizierter Fachkräfte folgt der Stellenmarkt seinen eigenen Regeln, für die vermehrt Kreativität, Professionalität und stellen- bzw. unternehmensspezifische Bewertungsstrategien gefordert sind. Eine Personalbilanz kann hierbei als breite Kommunikationsplattform für persönliche Entwicklungsmaßnahmen eingesetzt werden. Nichts wirkt so überzeugend wie eine Anschaulichkeit, wie sie in Form von Portfolio-, Ampeldiagramm- und Wirkungsnetz-Darstellungen geboten wird. Nicht zuletzt werden so ganzheitliche, strategische Denkweisen gefördert. Übertriebene Selbstdarstellung ist die eine Seite der Medaille. Falsche Bescheidenheit die andere.

Dazwischen liegt das gesunde Selbstmarketing. Professionelles Selbstmarketing, das sich nicht nur auf die Verbreitung des eigenen digitalen Profils beschränkt, ist ein Key-Karrierefaktor.

Interessant wäre es schon, einmal auszurechnen was im Verlauf eines ganzen Arbeitslebens so an Lohnverdiensten zusammenkommen könnte und ob sich aus diesem Blickwinkel die Plackerei in Schule, Studium u.a. wenigstens bezahlt machen könnte. In einer Studie des Instituts für Arbeitsmarkt- und Berufsforschung sind die Autoren dieser Frage detailliert nachgegangen: zu Beginn einer Erwerbskarriere macht unterschiedliche Bildung beim Einkommen noch keinen großen Unterschied, aber im Laufe der Jahre dann eben doch, und wie! (der durchschnittliche Lebensverdienst (Bruttoentgelte) betrage nämlich mit Hochschulabschluss über 2.300.000 Euro. mit Fachhochschulabschluss über 2.000.000 Euro, mit Abitur über 1.500.000 Euro, mit Berufsausbildung über 1.300.000 Euro, ohne ohne Berufsausbildung ungefähr 1.000.00 Euro, dabei wachse der Abstand zwischen den einzelnen Bildungsgruppen bis etwa zur Mittel des Erwerbslebens, bevor er sich dann auf einem relativ stabilen Niveau einpendelt). Die Ergebnisse würden unabhängig von Faktoren wie Geschlecht, Religion u.a. gelten. Alles in allem kann man daraus leicht eine sogenannte Bildungsprämie, d.h. den Abstand der Erwerbseinkommen einer bestimmten Bildungsgruppe im Vergleich zu Personen ohne Berufsausbildung errechnen: die Bildungsprämie beträgt durchschnittlich in etwa für ein Abitur 500.000 Euro, Fachhochschulstudium 900.000 Euro, Hochschulstudium 1.250.000 Euro. D.h.

durch ein Studium würde man zu einem Bildungsprämien-Millionär, also: es lohnt sich!! Da hier alles Bruttozahlen sind ist dies auch für die Staatskasse ein überaus lukratives Geschäft.

Selbstoptimierer und Perfektionisten - Gleichzeitigkeit von Vorwärtsfahren und Rückwärtsschauen

Burnout -so viele Experten- sei keine Krankheit, sondern ein Risikozustand. Erkennungszeichen sind u.a. Erschöpfungszustände, Tagesroutine wird zur Kraftanstrengung, Leistungsfähigkeit sinkt dramatisch, Distanz zur Umwelt wird größer, Erschöpfte werden zynisch, apathisch. Burnout ist zum gesellschaftlichen Problem in allen Schichten geworden. Naheliegende Erklärungen wie beispielsweise: hohe und weiter steigende Arbeitsanforderungen, globaler Konkurrenzkampf, schnellere Kommunikation oder unsichere Jobs sind zwar nicht falsch, scheinen aber nicht immer den Kern der Sache zu treffen. Eines jedoch ist sicher: beruflicher Stress und Burnout hängen eng zusammen. Besonders anfällig für einen Zusammenbruch durch Überschreiten der persönlichen Grenzen der Arbeitsfähigkeit scheinen perfiderweise zwei Typen zu sein: die Idealisten und die Perfektionisten.

Die Sucht nach einem „perfekten" Leben kann krank machen: das stete Streben nach höchster Perfektion und das Setzen unrealistischer Ziele. Dies belegen bereits Schulkinder, deren Eltern ihnen mit aller Gewalt das Etikett von Hochbegabten anheften wollen und die an diesem Anspruch und Erwartungsdruck scheitern oder sogar zerbrechen können. Die Kollegen, die Nachbarn, die Familie: allen versuchen wir etwas zu beweisen, nämlich unser Perfektsein. Wir leben in einer Welt von Selbstoptimierern, einer Welt des „immer-mehr" und des „immer-besser". Ausufernde Arbeitsbelastungen verführen allzu leicht zu Heldengeschichten mit Superlativen. Solange es gut läuft, gilt der eigene Ansporn immer neuen Bestleistungen: bis dieses Kämpfen um jeden Preis eines Tages nicht mehr geht und der Körper gewissermaßen die Notbremse zieht. Besonders gefährdet für einen Burnout seien geistig arbeitende Personen, körperlich Arbeitende leiden bei Überbelastungen dann eher unter körperlichen Symptomen. Ein kleiner Trost: bis zu einem gewissen Grad kann Stress auch positiv wirken, stimulieren und anstacheln.

Rudern stärkt Sozialkompetenz und Teamfähigkeit: mit einem Schritt in das schwankende Ruderboot verlässt man den Herrschaftsbereich des Alltags, gewinnt Abstand und lässt nach dem Ablegen vom Steg vieles hinter sich. Im Gleichtakt der Ruderblätter und dem gurgelnden Wasser unter sich kann sich das Denken leichter verlieren, die Gedanken werden freier. Es ist viel von beruflichen und gesellschaftlichen Schlüsselfunktionen wie Sozialkompetenz und Teamfähigkeit die Rede. Auf der Wunschliste der Arbeitgeber stehen sie ganz oben und mit an vorderster Stelle. Das Rudern und nicht zuletzt in seiner hohen Form als gemeinsame Ruderwanderfahrt sind für die Vorbereitung, Aneignung und Übung solcher Kompetenzen ein bestens geeignetes Trainingsfeld. Rudern ist zwar eine eigenartige Art der menschlichen Fortbewegung, dennoch vielleicht eine sehr philosophische: ein Ruderer fährt zwar vorwärts, blickt dabei trotzdem immer nur zurück. Rudern ermöglicht durch gleichzeitiges Vorwärtsfahren und Rückwärtsschauen, mit dem Durchfahren einer schon verlassenen Gegenwart, eine besondere

Wahrnehmung der Welt und sein Verhältnis zu ihr. Ein Ruderer durchfährt eine Gegenwart, die schon hinter ihm liegt. Alles was er beim Vorwärtsfahren rückwärtsschauend wahrnimmt, ist schon vergangen. Mag sein, dass solches nicht nur die Wahrnehmung, sondern auch die Person eines Ruderers selbst zu prägen vermag.

Personalbilanz mit durchgängig abstimmfähiger Bewertungssystematik als breite Kommunikationsplattform zur Entscheidungsunterstützung für die Bündelung und Gewichtung identifizierter Einflussfaktoren und Potenziale

Eine Personalbilanz kann als breite Kommunikationsplattform für personenbezogene Entwicklungsmaßnahmen eingesetzt werden. Die Personalbilanz unterstützt die Früherkennung künftiger Chancen und Risiken und funktioniert als 360-Grad-Radarschirm für verschiedene Beobachtungszwecke und -ebenen, mit dem insbesondere auch „weiche" Personalfaktoren umfassend identifiziert, differenziert abgebildet sowie systematisch bewertet werden können. Aus den Ergebnissen können für das Personalmanagement fundierte, abstimmfähige Maßnahmen- und Handlungsempfehlungen abgeleitet werden. Da eine reine Status-quo-Betrachtung auf Dauer nicht ausreicht, kann diese hinsichtlich künftiger Perspektiven erweitert werden. Viele Darstellungsmöglichkeiten, wie z.B. Ampel-Diagramme mit rot-gelb-grün-Bereichen für die Bewertung von Personalfaktoren, sind einfach verstehbar und können dadurch die Glaubwürdigkeit und Akzeptanz von Personalentscheidungen erhöhen.

Die Personalbilanz ist auf einer auch in der Wirtschaft gängigen Systematik aufgebaut und kommt daher der Controlling-Denkweise entgegen und kann somit als breite Kommunikationsplattform für Entwicklungsmaßnahmen eingesetzt werden: nichts ist so überzeugend wie eine Anschaulichkeit, wie sie in Form von Portfolio-, Ampeldiagramm- und Wirkungsnetz-

Darstellungen geboten wird. Darstellungen auf Basis von Personalbilanzen legen die Dynamik der Wirkungsbeziehungen zwischen Personalfaktoren mit Hebel- und Rückkoppelungseffekten offen (graphische Netzdarstellung). Der für die Erstellung einer Personalbilanz notwendige Aufwand fällt nicht wiederholt an, da einmal erfasste Grundstrukturen bei einer Aktualisierung nur noch ergänzt und fortgeschrieben werden müssen. Auf der Zeitachse können durch den Vergleich fortgeschriebener Bilanzen Entwicklungen und Trends ablesbar gemacht werden. Das Monitoring der Personalbilanz ist ein Gradmesser, der zeigt, wie man auf der weiteren Wegstrecke vorangekommen ist. Dabei werden auch ganzheitliche, strategische Denkweisen gefördert. Die Systematik und logische Strukturierung der Personalbilanz bevorzugt eine Vorgehensweise, mit der Bruchstellen und Widersprüchlichkeiten in der Bewertung und Steuerung von Personalfaktoren vermieden werden können.

Eine der Hauptursachen, warum der Rohstoff „Wissen" trotz seines rasant steigenden Anteils an der Herstellung heutiger Produkte und Dienstleistungen bislang so wenig sicht- und greifbar gemacht wurde, liegt in der komplizierteren Bewertung und Messung immaterieller sogenannter „weicher" Faktoren begründet. Trotz zahlreicher Einzelaktivitäten im Zusammenhang mit dem Zukunftsrohstoff „Wissen" gibt es oft noch Lücken, die eine bestmögliche Ausschöpfung der in ihm steckenden Entwicklungspotentiale behindern. Insbesondere fehlt vielfach noch ein in sich schlüssiges Konzept bzw.

Instrument, mit dem sich alle Einzelkomponenten des Intellektuellen Kapitals vollständig und mit einheitlicher Systematik abbilden lassen. Mit Hilfe einer Personalbilanz kann nicht nur das „Was-ist", sondern auch das „Was-sein-könnte" (Potenziale, Perspektiven) verdeutlicht werden. Im Wettbewerb um qualifizierte Fachkräfte spielen „weiche", oft als nicht bewertbar beurteilte Personalfaktoren eine immer wichtigere Rolle. Über die Personalbilanz können diese „Intangibles" einer transparent nachvollziehbaren und einheitlich durchgängigen Bewertungssystematik zugeführt werden. Eine Personalbilanz kann aber immer nur so gut sein wie die in sie eingespeisten Strukturen, Bewertungen und Beschreibungen.

Personalbilanzen sind auf dem Weg zu einer zahlenmäßigen Erfassung inzwischen ein gutes Stück des Weges vorangekommen und haben hierfür auch praxistaugliche Instrumente und Verfahren entwickelt. Diese ermöglichen es dem Personalmanagement nicht nur, sich in einem hochkomplexen Wissensumfeld Wettbewerbsvorteile zu verschaffen, sie machen durch ihre gängige Zahlenwelt auch eine Nachvollziehbarkeit für außenstehende Dritte möglich. Gegenüber der üblichen Bilanzierung materieller Wirtschaftsgüter hätte das Instrumentarium der Personalbilanz bereits einen entscheidenden Vorteil: es werden auch die zwischen einzelnen Faktoren bestehenden Beziehungen hinsichtlich ihrer Wirkungsstärke und Wirkungsdauer sichtbar gemacht. Aus diesem ohne entsprechende Instrumente kaum durchschaubaren Beziehungsgeflecht lassen sich diejenigen Maßnahmen herausfiltern, die aufgrund ihrer hohen

Hebelwirkung das größte Potential erwarten lassen. Eines ist bereits im Vorfeld gesichert: die für die Erstellung einer Personalbilanz entwickelte Vorgehenssystematik erzwingt eine intensive Beschäftigung und Auseinandersetzung mit allem, was mit Personalfaktoren zusammenhängt. Allein durch die hierbei geleisteten Vorarbeiten fällt ein gesicherter Gewinn an entsprechendem Erkenntniswissen an.

Ableitung von Zielen und Indikatoren

Teilfunktion	Ableitung von Zielen und Indikatoren für Teilfunktionen des Personalcontrolling	
Personalmarketing	➡ Ziele	⬅ Indikatoren
	o Verbesserung der Bewerberqualität	o Befragung wichtiger Bewerberzielgruppen
	o Reduzierung der Beschaffungskosten	o Anzahl der Einstellungen ohne Anzeige
	o Sicherung der Beschaffung	o Anzahl der Bewerbungen ohne Anzeige
		o Beschaffungskosten je Einstellung
		o Qualität der Bewerber
		o durchschnittliche Dauer der Stellenbesetzung

Teilfunktion	Ableitung von Zielen und Indikatoren für Teilfunktionen des Personalcontrolling		
Personalauswahl	→ Ziele	← Indikatoren	
	o zuverlässige Auswahl guter Kandidaten	o Analyse der Anfangsfluktuation	
	o Kostenoptimierung der Auswahlverfahren	o Befragung der Kandidaten von Auswahlverfahren	
	o positives Verkaufen von Unternehmen und Stelle	o Auswertung der Probezeitbeurteilungen	
		o Dauer der Bewerbungsabwicklung	
		o Auswertung der Potentialbeurteilungen	
		o Auswahlkosten je Einstellung	

Teilfunktion	Ableitung von Zielen und Indikatoren für Teilfunktionen des Personalcontrolling		
Integration	→ Ziele	← Indikatoren	
	o neue Mitarbeiter schnell produktiv machen	o Befragung neuer Mitarbeiter	
	o Kosten der Einarbeitung gering halten	o Round Table mit neuen Mitarbeitern	
	o neue Mitarbeiter an das Unternehmen binden	o Einarbeitungskosten pro neuer Mitarbeiter	
		o Fluktuationsrate	
Ausbildung	→ Ziele	← Indikatoren	
	o Versorgung mit gutem Nachwuchs	o Anteil Bedarfsdeckung aus der eigenen Ausbildung	
	o Reduzierung von Beschaffungskosten	o Befragung der internen Abnehmer	
	o rechtzeitige Qualifikationsanpassung	o Attraktivitätsanalyse des eigenen Unternehmens bei Auszubildenden	
	o Organisation der Weiterbildung	o Auswertung der Abgänge nach der Ausbildung	

Teilfunktion	Ableitung von Zielen und Indikatoren für Teilfunktionen des Personalcontrolling	
Weiterentwicklung →	**Ziele**	← **Indikatoren**
	o Aufbau von Führungs- und Spezialistenpotential o Sicherung des Potentials leistungsfähiger Mitarbeiter	o Anteil der Besetzung von offenen Positionen mit Nachwuchs aus den eigenen Reihen o Vorgesetzten-Beurteilung o Anzahl Förderkandidaten in definierten Programmen o Beurteilungs-Vergleich zwischen internem Nachwuchs und externen Einstellungen o Befragung externer Trainer und Berater

Teilfunktion	Ableitung von Zielen und Indikatoren für Teilfunktionen des Personalcontrolling	
Zielorientierung →	**Ziele**	←
	o sicherstellen, daß für jeden Mitarbeiter konkrete Arbeitsziele festgelegt sind und vom Mitarbeiter angenommen werden o Kompabilität und Integration persönlicher Arbeitsziele mit Bereichs- und Unternehmenszielen o systematische Stärken- und und Schwächenanalyse im Leistungsprozeß o Vereinbarung von Maßnahmen zur Verbesserung von Leistung und Zusammenarbeit	

Teilfunktion	Ableitung von Zielen und Indikatoren für Teilfunktionen des Personalcontrolling	
Kommunikation →	**Ziele**	← **Indikatoren**
	o Einsicht und Identifikation mit unternehmerischen Zielsetzungen und Strategien aufbauen	o Mitarbeiter-Befragungen
		o Beobachtung der "Gerüchte-Küche"
	o vertieftes Wissen über Gesamtunternehmen und Zusammenhänge aufbauen	o Vergleich der Führungskräfte-Einschätzung mit Mitarbeiter-Einschätzungen
	o Eigeninitiative wecken/fördern	o Reviews durch Externe
	o Erfahrungs- und Ideenpotential der Mitarbeiter verstärkt zur Lösung von Problemen nutzen	

Teilfunktion	Ableitung von Zielen und Indikatoren für Teilfunktionen des Personalcontrolling	
Vergütung →	**Ziele**	← **Indikatoren**
	o Sicherung von Attraktivität und Motivationskraft durch markt- und leistungsgerechte Gehaltsfindung	o Gehaltsvergleiche
		o Korrelation Leistung und Gehalt
	o strategiekonforme Anreize setzen	o Mitarbeiter-Befragung zur wahrgenommenen Transparenz und Gerechtigkeit der Vergütung
	o Beteiligung der Mitarbeiter an von ihnen beeinflussbaren Erfolgsgrössen	o Plausibilitätskontrollen zu Eingruppierungen
	o Umsetzung von fixen in variable Kosten	o Mitarbeiter-Befragung zur Attraktivität von Nebenleistungen
	o Steigerung von Engagement u. Leistungswillen	

Teilfunktion	Ableitung von Zielen und Indikatoren für Teilfunktionen des Personalcontrolling	
Organisation ➡	**Ziele**	⬅ **Indikatoren**
	o Vermeidung von Kompetenzstreitigkeiten durch Klarheit der Kompetenzzuweisung	o Review von Funktionsbeschreibungen und Strukturplänen
	o Zuweisung von eigenverantwortlichen Handlungsfreiräumen	o Mitarbeiter-Befragungen
	o Förderungen eines offenen, auf die Beseitigung von Schwachstellen und das Beherrschen von Innovationen ausgerichteten Arbeitsstils	o Anzahl Verbesserungsvorschläge
		o umgesetzte Verbesserungsvorschläge von Mitarbeitern
		o Anzahl und Ergebnisse von Quality-Circle

Teilfunktion	Ableitung von Zielen und Indikatoren für Teilfunktionen des Personalcontrolling	
Berichtssysteme ➡	**Ziele**	⬅ **Indikatoren**
	o optimierte Bereitstellung von erforderlichen Informationen	o Nutzenanalyse von Berichten
	o zweckmäßige Unterstützung von Arbeitsabläufen	o Review der Informationssysteme durch Externe
		o Mehrarbeit, Fehlzeiten etc.
Personalstruktur ➡	**Ziele**	⬅ **Indikatoren**
	o Sicherung einer langfristig tragfähigen Personalstruktur	o Qualifikationsaufbau
		o Altersaufbau

Signale aus dem Rauschen der Umgebung oder wie viel Zeit bleibt dem homo sapiens?

Viele stellen sich die Frage, ob es vielleicht ein so so seltener Zufall (der sich im gesamten Universum nur einmal abgespielt hat) gewesen sei, der zur Entstehung des Lebens geführt habe (dann wären wir allein). Oder „war es in einer ähnlich zusammengesetzten Ursuppe auf einem ähnlich beschaffenen Himmelskörper tatsächlich unvermeidlich, dass sich aus Materie Leben formt?". Manche Forscher glauben, „dass es ein Programm gegeben haben muss, nach dem der Mensch bereits im Urknall angelegt gewesen sei. Die physikalischen Bedingungen hätten für Konvergenz gesorgt, also dafür, dass alles so kam, wie es kommen musste. Flügel mussten entstehen, weil es Luft gab, Flossen waren nötig, weil es Wasser gab". Aber eine Tatsache ist auch: „dass die überwältigende Mehrheit aller jemals entstandenen Arten im Laufe der Erdgeschichte auf der Strecke geblieben ist. So kann niemand wissen, wie viel Zeit dem Homo sapiens noch bleibt. Die durchschnittliche Überlebensdauer einer Säugetierart hat in der Vergangenheit bei einer Million Jahren gelegen. Danach hätte der Mensch seine beste Zeit noch vor sich (Wissenschaftler datieren das Erscheinen des modernen Menschen auf eine gewisse Zeitspanne vor rund zweihunderttausend Jahren). Aber er ist kein passiver Teilnehmer der Geschichte, der die Dinge hinnimmt, wie sie sind. Dank seiner ausgeprägten Erfindungsgabe greift er überall sein, und das nicht immer zu seinen Gunsten".

„Mehr als eine Million Jahre lang haben Urmenschen bloß einen Faustkeil nach dem anderen produziert…..erst durch die Landwirtschaft, die vor rund zehntausend Jahren mit dem Sesshaftwerden einherging, emanzipiert sich der Mensch von der Natur. Plötzlich gibt es mehr Nahrung, als er auf der Stelle verzehren kann". Es konnten Berufe wie der des Töpfers oder der des Schmieds entstehen. Aber Tatsache ist auch:"die alkoholische Gärung haben nicht Menschen, sondern Zuckerhefen erfunden. Das Echolot wurde längst von Fledermäusen und Delphinen benutzt…..Quallen und Tintenfische haben den Raketenantrieb hervorgebracht. Libellen beherrschen den Helikopterflug. Aber für diese Erfindungen hat die Natur Jahrmillionen gebraucht. Der Mensch ist erst relativ kurz dabei, stellte aber mit der Erfindung u.a. der Dampfmaschine (industrielles Zeitalter) bald alle anderen in den Schatten.

„Der menschliche Geist ist eine zweischneidige Waffe. Er hat gleichzeitig den Himmel und die Hölle auf Erden geschaffen." Vom mit Röhren betriebenen Computergerät ENIAC, das nicht weniger als 27 Tonnen wog, hat es bis zum Smartphone („das rund tausendmal schneller arbeitet und zwei Millionen Mal mehr Speicherplatz besitzt als der Computer, der die amerikanische Apollo-Rakete samt deren Besatzung zum Mond und wieder zurück begleitet hat) gerade einmal siebzig Jahre gedauert. Roboter erledigen anstelle von Menschen immer mehr Aufgaben. Ob künstliche Intelligenz dem Menschen einst über den Kopf wächst, muss sich noch zeigen. „Eine dem Menschen weit überlegene Denkmaschine würde sich daranmachen, den

Urgrund allen Seins zu ergründen und das Universum mit Bewusstsein zu fluten". Jedenfalls sind im Zeitalter des Internet als globales Kommunikationsmittel Informationen zum (wichtigsten) Rohstoff geworden (Signale, die man erst aus dem Rauschen der Umgebung herausfiltern muss).

Neue soziale Zeitordnung: vielleicht hat der menschlich gemachte Klimawandel ja sogar das Zeug, die nächste Eiszeit zu verhindern. Jedenfalls weitgehend unstrittig ist wohl: „dass Staudämme die Deltagebiete absacken lassen, weil sie Sedimente zurückhalten, dass synthetische Chemikalien in den entlegensten Weltgegenden detektierbar sind, dass der Mensch Tierarten ausrottet und so aus dem Fossilienbestand der Zukunft entfernt". Auch scheint es, dass wir die erste neue Erdepoche haben, die eine Konsequenz des eigenen Handelns ist. Ist es wirkliche eine Epoche, in der „Wünsche, Pläne, Wissen und Handlungen einer einzigen Spezies den Fortgang der Erdgeschichte beeinflussen?" In der Generationen von Wissenschaftlern (Geologen u.a.) einzig dafür ausgebildet wurden (werden), um Tunnel zu graben, Erze und fossile Brennstoffe zu fördern, Deponien für Abfälle zu schaffen?

Das soziale Chaos, das die industrielle Revolution hervorgerufen hat und das die Gesellschaft an den Rand des Zusammenbruchs alter Strukturen führen sollte, wird auch als „neue soziale Zeitordnung" beschrieben: Architekten entwerfen Städte, die sich in den Stoffwechsel der Biosphäre integrieren, Wissenschaftler suchen nach einer Antwort, „wie lang und gewaltig der Hebel ist, mit dem die heutigen Industriegesellschaften Einfluss auf Klima, Evolution und geologische Beschaffenheit der künftigen Erde nehmen?"